# 쓰기 치유

### 쓰면 상처가 치유되는 글쓰기 워크북

【 일러두기 】

- 이 책에 등장하는 내담자, 수업 참여자의 이름은 모두 가명입니다.
- 책은 《 》, 신문·잡지·텔레비전 프로그램·학술저널의 이름 등은 〈 〉, 논문은 「 」로 표기했습니다.
- 각주는 저자가 작성한 것입니다.
- 시(詩)의 경우, 한글 맞춤법보다 시적허용을 우선 적용해 수록하였습니다.
- 이 책의 인용글은 저작권자에게 허락을 구하여 수록하였습니다. 저작권자를 찾지 못한 몇몇 작품의 경우, 추후 연락 주시면 사용에 대한 허락을 구하도록 하겠습니다.

# 쓰기 치유

오경숙 지음

국민북스

## 추천사

인생은 누구나 상처를 안고 살아갑니다. 상처를 주기도 하고 상처를 받기도 하면서 말입니다. 문제는 이런 상처를 어떻게 극복하면서 내 인생의 마당을 보다 건강하고 아름답게 만들 수가 있느냐는 것입니다. 저자는 시와 글쓰기가 그 처방의 하나라고 말합니다. 저는 그 말에 전적으로 동의하는 한 사람입니다. 저도 예리한 내 인생의 상처가 나를 찌르는 때면 시를 쓰고 글짓기를 합니다. 전문 시인과 작가가 아니어도 저는 누구나 시를 쓰고 글을 지을 수가 있다고 믿는 사람입니다. 성경은 하나님이 본래 우리를 처음 지으실 때 우리를 '시를 짓는 작품' 곧 포이에마로 만들어주셨다고 말합니다. 저는 이 워크북으로 시를 쓰고 글을 짓는 그리스도인들이 더 많이 등장하여 자신의 상처들을 극복하고 나아가 이웃들의 상처들을 치유하는 '상처 입은 치유자'들의 등장을 기대해봅니다. 시인들의 눈물이 세상을 아름답게 바꿀 수 있기를 기도합니다.

**— 이동원** 지구촌교회 원로목사

《쓰기 치유》는 상한 감정을 치료하는 책입니다. 기억 속에 감춰두고 눌러두었던 상처를 이끌어내어 치료하는 책입니다. 시인은 자신의 상처를 재료 삼아 다른 사람의 상처를 치료하는 사람입니다. 그런 까닭에 좋은 시를 읽고, 좋은 시를 베껴 쓰면 놀라운 치유를 경험케 됩니다. 인생 치유는 깨달음 가운데 임합니다. 깨달음을 통해 '아하'라는 탄성이 나오고, 그때 자신이 갖고 있던 상처의 의미를 깨닫게 됩니다.

과거의 아픔은 좋은 시를 읽다가 자신의 상처와 똑같은 상처를 만나거나 더 큰 상처를 만나는 순간에 치유됩니다. 상처가 상처를 치유하는 것입니다. 상처가 상처를 치료하고, 독이 독을 치료합니다. 눈물이 눈물을 껴안아 치료합니다. 깨달음의 눈물이 영혼을 적실 때 상처 입은 영혼이 치유됩니다. 한 맺힌 응어리가 풀리고, 차갑고 딱딱해진 마음이 따뜻해집니다.

이 책은 시와 글쓰기를 통해 어떻게 깨달음이 임하고, 그 깨달음이 어떻게 상한 감정을 치유하는가를 보여주는 탁월한 책입니다. 저자가 소개하는 시들은 인생을 치료하는 약과 같은 좋은 시입니다. 마치 탁월한 의사가 환자에게 적절한 약을 처방하듯, 저자는 우리의 상처를 치유하는 적합한 시들을 선물해줍니다. 저자는 반드시 상처를 치유할 수 있다는 희망을 줍니다. 저주 아래 있던 상처를 꺼내어 하나님의 은혜 안으로 옮기도록 도와줍니다. 그래서 이 책은 정말 좋은 책입니다.

— **강준민** L.A. 새생명비전교회 담임목사

글쓰기의 치유 효과는 이미 임상적으로 확인되고 널리 알려져 있습니다. 저 또한 힘들 때 글쓰기를 통해 큰 힘을 얻습니다. 글쓰기를 하다 보면 '내'가 글을 쓰는 단계를 지나 글이 '나'를 새롭게 쓰는 경험을 하게 됩니다. 글쓰기는 때로 우리의 마음을 표현할 수 있는 유일한 방법이며 최고의 상담자가 되기도 합니다. 좋은 책은 사람을 살립니다. 《쓰기 치유》는 사람을 살릴 아주 좋은 책입니다. 이미 수많은 사람들이 저자와의 만남을 통해 행복한 글쓰기와 치유를 체험했습니다. 이제 여러분들도 이 책으로 인해 쓰기 치유의 축복을 풍성하게 경험할 수 있기 바랍니다. 기쁜 마음으로 일독을 추천합니다.

— **유재성** 침례신학대학교 상담심리학 교수

누구나 마음의 상처를 안고 살아갑니다. 그것이 깊건 그렇지 않건 그 상처는 그 사람의 말과 행동에 영향을 미칩니다. 그러나 마음의 상처를 글쓰기를 통해 밖으로 꺼내놓고 객관화시킨다면 상처는 점차 희미해질 것입니다. 쓰기 치유는 그런 의미에서 자신 안의 해결되어야 할 문제나 갈등을 직면해, 자신의 문제를 객관적으로 바라보게 합니다. 일기에 누구에게도 알리지 못한 나만의 비밀을 털어놓았던 경험을 떠올리면 쉽게 공감할 수 있습니다.

오래전부터 쓰기 치유에 관심을 가져온 저에게 이 책은 가슴을 설레게 합니다. '쓰기 치유'의 과정을 통해 어떤 상황도 이겨낼 수 있는 다양한 내적 자원이 우리 안에 있음을 알게 되는 소중한 경험을 할 것입니다. 글쓰기는 자신 안에 존재하는 가장 귀중한 영역을 여는 영혼의 열쇠 같은 것입니다. 우리 소망을 발견하기 위한 여정의 첫 단계는 간단합니다. 손에 펜을 쥐면 됩니다.

— **이지현** 〈국민일보〉 선임기자, 시인


시는 진실입니다. 그러므로 시 쓰기는 진정한 자기와 만나는 방편이 될 수 있습니다. 시 쓰기란 자기 내부를 들여다보고 자기에게 말을 걸어보는 것, 한없이 외롭고 슬플 때 한 줌의 위로를 건네보는 것, 어떤 의미를 찾지 못하고 방황할 때 자신에게 한 줄의 의미를 쥐어주는 것, 아니 어쩌면 끊임없이 묻고 대답하는 인생길에서 자신에게 던지는 영원한 문답 같은 것입니다. 《쓰기 치유》는 시 쓰기를 통하여 자신을 치유해보는 데에 좋은 길잡이가 될 것입니다.

— **전정예** 건국대학교 국어국문학과 명예교수, 시인

심리치료와 치유, 회복에 문학을 접목시켜 글을 쓰고 읽어주는 과정에서 트라우마를 갖고 있거나 내면에 상처를 입은 사람들이 글을 쓰면서 회복이 될 수 있다는 사실이 무척 놀라웠습니다. 무엇보다 닫힌 마음을 열고 자신이 원하는 바를 드러내고 자신의 진짜 모습을 찾아가는 일이 참으로 소중하다는 것을 알게 되어 기쁩니다. 이 책을 통해 많은 사람들이 회복되기를 바라며 기대합니다.

— **정사무엘** 국제문화대학원대학교 총장직무대리, 사회복지학박사

대학교 3학년 때 나는 마음이 병들어 있음을 깨닫고 한동안 대책 없이 살았었습니다. 그러다 2005년 11월 10일 마음이 열리는 체험을 하고 이를 계기로 심리치료 공부를 한 지 벌써 십여 년입니다. 이 책《쓰기 치유》의 여러 사례에서 볼 수 있듯, 저 또한 과거에 시를 통하여 회복과 치유라는 특별한 경험을 했습니다. 읽고 쓰는 과정에서 '내 마음이 아프다'고 스스로 솔직하게 털어놓으며 비로소 다시 살아갈 큰 힘을 얻게 된 것입니다. 이 같은 놀라운 경험을 많은 독자들이 함께하기를 진심으로 바랍니다.

— **박순향** 중독전문치료사, 국제심리치료사

차례

추천사 · 004

프롤로그 · 010

Part1 **시의 치유적 힘**

**01.** 글쓰기는 마음을 어떻게 치유하는가 · 016
**02.** 나의 상처와 마주하기 · 034
**03.** 아픔을 시로 고백하라 · 052
**04.** 삶의 진실을 찾아서 · 072
**05.** 시의 완성은 나눔 · 092

## Part 2 / 시를 쓰는 법

**06.** 나만의 공간 정하기 · 108
**07.** 상상 친구를 만들라 · 118
**08.** 진짜 나, 진짜 속마음 · 128
**09.** 비유 활용하기 · 148
**10.** 상징 활용하기 · 156

## Part 3 / 시로 써야 할 이야기

**11.** 가족 이야기를 쓰다 · 176
**12.** 상실과 슬픔을 표현하기 · 212
**13.** 새로운 나를 그리며 · 234
**14.** 시로 하는 용서는 아름답다 · 252
**15.** 감사하고 또 감사하라 · 266

에필로그 · 280

## 프롤로그

"글을 쓰려고 앉을 때마다 깊은 행복감을 느낀답니다." 얼마 전 세상을 떠난 소설가이자 철학자인 움베르토 에코의 말입니다. 일본의 소설가 무라카미 하루키는 이런 말을 했습니다. "글쓰기의 좋은 점은 깨어있으면서도 꿈을 꿀 수 있다는 것입니다."

지난 10여 년간 '시와 글쓰기 치유반'을 인도해오면서 많은 사람들을 만났습니다. 겉으론 멀쩡해 보여도 온갖 내면적 상처와 고민을 안고 있는 분들이었습니다. 전 그들과 깊은 나눔의 시간을 가졌습니다. 시와 글쓰기 치유반의 수업은 단순합니다. 각자 그동안 말하고 싶었지만 밖으로 표현할 수 없었던 것을 글로 씁니다. 그리고 같은 그룹의 사람들과 함께 나눕니다. 글을 읽은 사람들은 글쓴이에게 위로와 격려의 메시지를 전합니다. 이렇듯 프로세스가 너무나 간단하기에 '과연 시와 글쓰기만으로 저렇게 힘들고 고통스러워하는 사람들에게 의미 있는 변화를 가져다줄 수 있을까?'란 생각을 하는 사람들도 있습니다. 저 또한 처음엔 그렇게 생각했습니다. 그런데 해를 거듭하면서 놀라운 결과를 얻게 됐습니다. 참석자들 대부분이 뚜렷한 치유를 경험하는 것이었습니다. 그 치유의 속도가 과거 제가 진행했던 어떤 상담과 치료 과정보다 빨랐습니다. 내용 면에서도 치유의 깊이가 대단했습니다. 솔직히 놀랐습니다. 매 수업 시간이 감동의 연속이었고 눈물과 웃음, 회복이 있었습니다. 수업이 끝나면 참석자들 대부분이 "정말 감사합니다"라고 마음의 인사를 하셨습니다. 저는 강의를 마치고 집으로 돌아오는 도중에 차를 멈추고 기쁨의 눈물을 흘리기도 했습니다. 이를 계기로 저는 시와 글쓰기 치료의 효과에 대해 더욱 깊은 관심을 갖게 되었습니다.

참석자들은 대부분 시나 글을 쓰는 것과는 무관한 듯 보이는 분들이었습니다. 실제로 수업에 들어오기 전까지 한 번도 자신의 글을 써본 적이 없었다는 사람들이 많았습니다. 그런데 이들이 수업에 참가하면서 공통적으로 고백하는 단어가 있습니다. 바로 '행복'입니다. 그들은 움베르토 에코처럼 "글을 쓰려고 앉을 때마다 행복해요"라고 토로했습니다. 사실 수업에 참석한 대부분의 사람들은 가슴 벅찬 감동과 행복보다는 깊은 고통과 슬픔의 기억들을 더 많이 갖고 있는 분들이었습니다. 배우자의 외도, 가족의 자살, 열등감 등 크나큰 상실감과 트라우마에 시달리는 사람들이었습니다. 그로 인해 깊은 우울과 두려움에 사로잡혀 있는 이들도 적지 않았습니다. 그런데 이런 사람들이 글을 쓰면서 행복하다고 고백하는 것입니다. 그들은 시와 글을 쓰는 과정에서 마음속 답답했던 무언가가 확 풀어지는 느낌을 받았다고 말했습니다. 그 같은 행복감은 그들의 내면의 어두움을 몰아내는 촉매제가 됐습니다.

참석자들은 또한 글과 시를 쓰면서 과거엔 한 번도 꾸지 못했던 새로운 꿈을 꾸게 됐다고 말했습니다. 무라카미 하루키의 말과 유사하지요. 분명 어두운 현실은 변하지 않았지만 적어도 쓰는 동안엔 꿈을 꿀 수 있어 좋았다는 것입니다. 일종의 행복한 꿈꾸기가 가능해진 것입니다. 그래서 수업이 진행될수록 사람들의 표정은 눈에 띄게 밝아졌습니다. 그들 내면의 상처가 믿을 수 없을 만큼 짧은 시간 내에 회복되었습니다. 그런 모습들을 보면서 기독교 상담학자로서 저는 사람들 내면에 존재하는 무한한 생명력과 하나님이 주시는 치유에 대한 확신을 갖게 됐습니다. 영적 치유의 측면에서도 시와 글쓰기가 좋은 수단이 된다는 것을 확인했습니다.

사람들은 소통을 원합니다. 소통이 될 때에 변화와 회복이 이뤄집니다. 시와 글쓰기는 소통과 변화, 회복을 위한 아주 유용한 수단입니다. 요즘 쓰기 열풍이 불고 있는 것은 전혀 의외의 일이 아닙니다. 쓰기엔 놀라운 치료 효과가 있기 때문입니다. 전 임상을 통해 증명된 쓰기 치료가 새로운 치유의 장르가 될 것이라고 믿습니다.

시와 글쓰기를 통해서 우린 자신을 객관적으로 바라볼 수 있습니다.

아픔과 고통, 상처, 사랑과 원망, 싸움과 분노 등을 한 발짝 떨어져 지켜보게 됩니다. 그러면서 지금까지 자신을 옥죄었던 여러 변수들이 삶의 행복을 궁극적으로 앗아가는 결정적 변수는 아니라는 사실을 깨닫게 됩니다. 그런 과정에서 어둠의 터널을 지나 진짜 자신의 모습을 두려움 없이 대면할 수 있습니다. 우리가 경험하는, 고민하는 것 이상으로 더 좋은 것들이 있다는 생각을 하게 되고 새로운 꿈을 꾸게 됩니다. 그러면서 행복이란 단어를 떠올리게 됩니다. 행복을 떠올리면 정말 행복해집니다.

이 책은 훈련된 인도자 없이도 누구나 쉽게 사용할 수 있도록 워크북 형태로 구성됐습니다. 독자들은 내용을 읽고, 질문에 답하는 글을 쓰면 됩니다. 단순히 책을 읽는 것으로 그치는 것이 아니라 실제 쓰는 작업을 병행할 수 있습니다. 그룹을 만들어 함께 나눔의 시간을 갖는다면 더욱 회복의 속도가 빨라질 것입니다. 또한 실제 시와 글쓰기 치유반에서 쓴 글들과 상담 사례를 담았습니다.

더 많은 사람들의 치유를 위해 자신의 사례를 사용하도록 허락해주신 모든 분들께 감사드립니다. 책이 나오기까지 편안하게 기다려주시고 최선을 다하신 국민북스 관계자들과 사랑하는 가족들에게도 고맙다는 인사를 하고 싶습니다. 감사를 표해야 할 수많은 분들이 계십니다. 누구보다도 하나님께 감사드리며 영광과 찬양을 올려드립니다.

Part 1

# 시의 치유적 힘

**01**

# 글쓰기는 마음을
# 어떻게 치유하는가

**모든 치유는 '내가 아프다'라는 사실을** 인정하고 표현할 때부터 시작된다. 깊고 극심한 아픔을 겪고 있는데도 '아프다'라고 말할 수 없는 상황에 놓이거나, 본인의 의지로 말하지 않고 살아온 사람들이 의외로 많다. 마치 아프지 않은 것처럼 포장하고 감정을 부정하고 억압하는 것이 당연한 것처럼, 우리는 오랜 기간 그렇게 가장한 채 살아왔다. 그래서 더욱 고통스럽고 외롭고 힘들었다.

그런 의미에서 시, 에세이, 일기 등을 통해 나를 드러내고 표현하는 것은 힘들고 어려운 우리의 삶에 꼭 필요한 경험이다. 즉, 내가 말하고 싶은 것을 '쓴다'는 행위는 '표현'할 수 있다는 것이고, 그 행위 자체가 일종의 '치유'의 시작이며 '회복'의 기본 단계이다. 쓰고 표현함으로써 슬픔과 아픔으로 막혔던 출구가 열리고, 원활한 소통이 되면서 우리 내면은 더 높은 차원의 자아와 연결할 준비를 하게 된다. 또한 나도 모르게 내 안에 흐르는 새로운 힘을 느낄 수 있고, 시원함과 카타르시스\*를 느낄 수 있다.

### 누구나 아파요
R.E.M

긴 하루가 지나고 밤을, 당신 홀로 밤을 맞을 때

더 이상 살아갈 이유가 없다고 느낄 때,

그래도 견디세요. 포기하지 마세요.

누구나 때로 울고 누구나 때로 아프기 때문이죠.

때로는 모든 것이 엉망일 수 있어요.

그때, 노래를 부르세요.

당신의 날들이 어둠뿐일 때

견디세요, 버티세요.

다 포기하고 싶을 때 견디세요.

---

\* 정신분석에서, 마음속에 억압된 감정의 응어리를 언어나 행동을 통하여 외부에 표출함으로써 정신의 안정을 찾는 일.

누구나 아프기 때문이죠.

혼자라고 느껴지나요?
아니, 아니, 그렇지 않아요. 당신은 혼자가 아니에요.
당신이 세상에 홀로 남겨졌다면
낮과 밤들은 견딜 수 없이 길 거예요.
때로 누구나 아파요. 누구나 울어요.
당신 혼자만 그런 게 아니에요.

미국의 록 밴드 R.E.M이 부른 〈누구나 아파요(Everybody Hurts)〉라는 노래 가사다. 시와 글쓰기 치유반 수업 첫날마다 내가 수강생들에게 반드시 소개하는 작품이다. 마치 누군가에게 계속 부탁하는 형식의 글이지만, 정작 그 말을 듣고 싶은 사람은 자기 자신이라는 것을 알 수 있다. '시'라는 그릇을 통하여 자신이 지향하는 바와 생각을 드러내고 있는데, 특히 화자(話者)*가 청자(聽者)**에게 강력한 메시지를 전하고 있다는 느낌을 준다.

---

\* 작품 속에서 이야기를 하는 사람.
\*\* 이야기를 듣는 사람.

'다 포기하고 싶을 때 견디세요.' '때로 누구나 아파요, 누구나 울어요, 당신 혼자만 그런 게 아니에요.' '당신의 날들이 어둠뿐일 때 견디세요, 버티세요'……. 강력하게 반복하여 말하고 있다는 느낌이 드는가? 만약 그렇다면 내 안에서도 같은 감정과 느낌이 꿈틀거리는 것 같지 않은가? 화자가 이 글을 쓰고 있었던 그 시간만큼은 오롯이 자신에게 집중했을 것이다. 내 마음의 소리를 경청하고 공감하며 인정하는 사람도, 그런 나를 섬세하게 표현하는 사람도, 모두 자신이기 때문이다.

> 내담자에게 감정을 **표현하도록 허락하는 것은 희망의 또 다른 요소를 제공한다.** 시는 인지적이고 동시에 정서적인 영역으로 빨리 접근하도록 도와준다. 문제가 즉각적으로 풀리지 않을 수도 있지만 희망은 이해와 변화하려는 의지를 통해 스며든다. **시 쓰기는 또한 각 개인이 자신을 표현하고 조각조각 난 생각과 느낌에 대한 통제력을 가지는 수단을 제공하는 매우 유용한 도구가 될 수 있다.** 개인적인 감정을 적기 시작함으로써 개인은 그러한 감정들을 더 조리 있는 형태로 확인하기 시작한다. 그것의 결과로 통제감을 증진시키는 것이다.
>
> Nicolas Mazza, 《시 치료 이론과 실제》, 학지사

우리는 살면서 많은 감정을 경험하지만 표현하지 못할 때가 많다. 특히 분노, 우울, 불안 같은 부정적인 감정들은 느끼고 표현하는 것 자체가 고통스럽고 힘들다. 그래서 회피나 무시, 억압 등을 통하여 애써 감정을 무시한다. 하지만 무시된 감정들이 사라지는 것은 아니다. 오히려 무의식에 쌓여 그것들은 우리의 삶을 더욱 괴롭히기까지 한다.

시와 글을 쓰며 자신의 감정을 표출하고 이를 통해 내적인 불안, 슬픔, 분노, 고통을 줄일 수 있다는 것은, 그동안 자신의 감정을 제대로 표현하지 못했던 사람들에게 아주 큰 변화이다. 이는 앞에서 말한 것처럼 '시 쓰기는 각 개인이 자신을 표현하고 조각난 생각과 느낌에 대한 통제력을 가지는 유용한 도구'이기 때문에 가능한 변화이다.

시 〈거리에 조용히 비가 내린다〉의 전체 분위기를 파악하며 읽어보자. 시인은 슬픔이 점점 깊어질 때마다 느껴지는 고통, 아픔, 무감각 등을 잘 표현하고 있다. 슬픔이나 고통 속에 있는 사람에게 자신이 제대로 표출하지 못했던 감정과 생각을 글로 표현하는 것은 그 자체만으로도 가치 있다.

### 거리에 조용히 비가 내린다

풀 베를렌

거리에 비 내리듯

내 가슴에 눈물이 내리네.

가슴속에 스며드는

이 슬픔은 도대체 무엇일까.


대지와 지붕 위로 내리는

부드러운 빗소리여.

울적한 마음속에서 울리는

오 비의 노래여.


슬픔에 젖은 이 가슴에

까닭 모를 눈물이 흐르네.

웬일인가? 원한도 없는데

이 큰 슬픔엔 이유가 없네.


이유 없는 슬픔이

가장 견디기 힘든 법.

사랑도 증오도 없는데

이 가슴은 슬프기만 하네.


시 〈거리에 조용히 비가 내린다〉처럼 우리는 시나 글로 슬픔과 고통, 추억, 행복을 보다 인상적으로 표현할 수 있다. 그래서 자신이 겪는 특별한 상황의 아픔과 고통스런 감정을 알아보고 인정할 수 있다.

곧 글쓰기는 억누르고 표현하지 못했던 감정이나 느낌을 먼저 분출할 수 있는 수단이 되는 것이다. 대문호 셰익스피어는 자신의 작품 〈맥베스〉에 이렇게 썼다.


슬픔에게 말할 수 있도록 하여라.

말하지 않는 슬픔은 심장이 너무 힘들어서

그것을 터지도록 하는구나.

윌리엄 셰익스피어, 〈맥베스〉

기독교 상담학자이자 목사인 래리 크랩(Larry Crabb)이 쓴 다음의 일기를 읽어보자. 그는 자신의 답답하고 괴로운 심정을 잘 표현하고 있다.

나는 단순 유쾌한 사람이었으면 좋겠다. 나보다 훨씬 유쾌하게 사는 사람들이 많다. 그런데 왜 나는 절망의 구렁텅이를 통과해야 한단 말인가. 이런 상태에서는 내 안에서든, 다른 사람에게서든 기쁨을 전혀 찾을 수가 없다. 이런 번민의 시간은 정말로 두렵다. 바로 지금 그런 두려움이 엄습한다. 계속 살아갈 힘이 남아있을까? 열심히 일하고 가족을 사랑하고 인생을 정면 돌파할 힘이 있을까? 아니면 어둡고 음습한 터널 속, 다시는 못 빠져나올 캄캄한 미로 속에 빠진 건 아닐까? 걱정이 몰려온다.

래리 크랩, 《고통 속에서 하나님을 발견하다》, 복 있는 사람

이 작품에서 그는 일기에 반복적으로 자신이 겪는 고통과 어려움, 현재의 감정을 상세하게 적어 내려가다 한순간 감정의 전환점을 만난다. 그 과정에서 자신의 장점을 발견하기도 하고 스스로 논쟁을 벌인다. 마지막에 이르러 그는 결국 건강한 방법으로 결론을 맺는다. 바로 이 점이 쓰기 치료의 탁월한 효과다. 나쁜 점들을 실컷 고백한 후에는 사고가 긍정적인 곳

으로 향하며, 나의 보다 좋고 나은 점을 결국 발견하기 마련인 것이다.

글쓰기의 효과는 다양하고 빠르게 나타난다. 흔들리고 절망에 빠져 글로 많은 감정들을 표현하다 보면 이상하리만큼 흔들리지 않는 무언가, 곧 스스로에 대한 확신이나 문제의 대안, 나의 강점이 되는 것을 발견하기도 하고 오랫동안 숨겨왔던 욕구들이 채워지기도 한다.

치유의 가장 필요한 또 하나의 과정은 자신에 대한 격려와 위로이다. 시와 글을 쓰고 나누며 얻는 위로와 격려는 사람을 변화시킨다. 내가 하고 싶은 말을 나 아닌 다른 사람이 해주거나, 혹은 내가 한 말을 다른 사람이 주의 깊게 듣고 공감할 때 우리는 필요한 치유를 경험할 수 있다. 미국의 심리학자 버지니아 사티어(Virginia Satir)의 말처럼 우리는 "우리 안에 자신을 치유할 수 있는 다양한 잠재력과 가능성을 가지고 있다."[*]

내가 간직한 좋은 추억, 부모나 친지로부터 받아온 사랑과 위로는 치유의 잠재적인 밑거름이 될 수 있다. 이 긍정적인 재료를 사용하여 스스로를 위로할 수도 있고, 타인이 건네는 말이나 세상에 존재하는 무수한 글들을 통해서도 그럴 수 있다. 그러나 일부 사람들에게는 내면에 있는 큰 상처나 고통, 불행한 상황이 그 가능성이나 잠재력을 발휘할 수 없도록 만든다. 에밀리 디킨슨의 시와 버지니아 사티어가 저서 《사티어 경험적 가족치료》에 쓴 글을 차례로 살펴보자.

---

[*] 버지니아 사티어, 《아름다운 가족》, 창조문화

## 희망

에밀리 디킨슨

희망은 깃털이 있는 어떤 것

영혼 속에 자리 잡고

노랫말 없는 곡조를 노래하네.

그리고 절대 그치지 않네.

그리고 질풍 속의 달콤함을 들었다.

그리고 폭풍은 틀림없이 지독하여

많은 사람을 따뜻하게 한 새는 당황하리라.

나는 가장 추운 땅에서 그것을 들었다.

그리고 가장 이상한 바다에서

그러나 절대 극단 속에서

그 새는 나에게 아무것도 요구하지 않았다.

## 터 하여(Being grounded)

버지니아 사티어

당신의 속 깊숙한 곳으로 들어가

당신의 이름이 적힌 그 보물을 찾아내세요.

그 보물을 보고

어디서나 찾을 수 있는 자원들도 찾아보세요.

당신은 이 모든 것을 가질 수 있답니다.

당신은 볼 수 있고

생각할 수 있고

들을 수 있고

느낄 수 있고

맛볼 수 있고

냄새 맡을 수 있으며

선택할 수 있고

움직일 수 있고

가려낼 수 있습니다.

가려낸다는 것은

옛날에는 잘 맞았으나 더 이상 맞지 않는 것을

떨쳐버리고

지금의 나에게 맞는 것이 무엇인지를

분명히 가리는 것이지요.


이제 자신에게 말하세요.

"나에게는 능력이 있으며 나는 이것을 해낼 수 있다.

나는 대지 위에서 나의 관계를 통해서

그리고 다른 사람들과의 연결을 통해서 힘을 얻는다.

나는 할 수 있다"라고.

정문자, 《사티어 경험적 가족치료》, 학지사


좋은 글이나 시를 읽고 쓰면서 우리는 치유의 잠재력을 만날 수 있다. 에밀리 디킨슨의 시 〈희망〉에서 희망을 '영혼 속에 자리 잡고' '노랫말 없는 곡조'로 표현한 것처럼 희망은 그치지 않고 우리를 따뜻하게 하며 '추운 땅'에서도 들을 수 있는 단어다. 또한 버지니아 사티어의 말처럼 우리에게는 '더 이상 맞지 않는 것을 떨쳐버리고 지금의 나에게 맞는 것이 무엇인지를 가리고' '나는 할 수 있다'라고 표현하며 앞으로 나아갈 수 있는 힘이 있다.

어떤 상황도 이겨낼 수 있는 다양한 내적 자원이 우리 안에 있음을 알게 되는 것은 소중한 경험이다. 가족, 자연, 신과의 대화, 관계, 수용, 이해, 좋은 추억 등의 내적 자원은 글을 쓰는 우리에게 위로와 격려를 전하고 자존감을 높여주는 소중한 존재임을 잊지 말아야 한다.

우리 내면의 힘을 그리고 있는 시 〈때때로〉를 살펴보자. 이 시는 미국의 한 장기요양원에 머물고 있는 노인 환자들이 집단 창작한 작품이다.

때때로

때때로
난 머리를 숙인다.
그리고 손깍지를 낀다.
나의 슬픔이 줄어들게 해주기를 내 안의 힘에게 요청한다.
그리고 좀 더 기도한다.
때때로
밖으로 나가서 해야 할 다른 일을 찾고

행복한 많은 날들을 생각하거나

좋은 책을 읽는다.

그리고 때로는

할 말이 많지 않다.

그리고 난 생각하는 것은 좋은 것이라는 것을 안다.

나 자신과 의견 일치를 볼 필요가 있다.

존 폭스, 《시(詩) 치료》, 아시아

시 〈때때로〉의 화자는 스스로에게 내면에 있는 힘을 요청해야 한다는 것을 알고 있다. 그래서 '좀 더 기도' 하고 '좋은 책'을 읽으며 큰 위로와 힘을 얻어 '나 자신과 의견 일치'를 본다는 표현을 했다. 마지막으로 시의 치유적 힘을 잘 표현한 글들을 소개한다.

시는 내가 발견한 최고의 보호자였다. 시는 나를 올바른 방향으로 이끈다. 나는 시와 함께하며 길을 잃은 적이 없다.

노엘 베이틀러

## 시간을 잃어버린 것이 아니다

라빈드라나트 타고르

수없이 거듭하며

나는 잃어버린 날들을 슬퍼했습니다.

그러나 결코 시간을 잃은 것이 아닙니다.

나의 주인이시여

내 생애의 순간순간 모두

님의 손으로 잡으셨습니다.

님은 만물 속에 숨어

씨앗을 길러 싹트게 하고

봉오리를 만들어 꽃을 피우시고

풍성한 열매를 맺게 하셨습니다.

나는 피곤하여 쓸쓸히 침대에 누워

모든 것이 끝났다고 생각했지만

아침에 깨어 보니

정원은

꽃들의 기적으로 가득하였습니다.

시나 글을 읽은 후 자신의 생각을 쓰고 사고하는 과정을 통해 일어날 수 있는 변화는 다양하다. 자기 고백, 성찰, 진실 찾기, 친구 사귀기, 열망, 용서, 감사, 성숙 등 모두가 놀라운 치유의 열매들이다. 지금부터 그것들을 하나씩 살펴보며 같이 글쓰기를 해보자.

## 실전 글쓰기

1. 내가 쓰고 싶은 것은 무엇일까? 아래의 문장에 적절한 단어를 채우며 생각해보자.

- 나는 위로받기 위해 _____ 에게 편지를 쓰고 싶다.

- 나에게 흥미를 주는 단어 ① _____ ② _____
  ③ _____ ④ _____ 를 사용하여 글을 쓰고 싶다.

- 나를 치유하기 위해 진정 필요한 것은 _____ 이다.

- _____ 의 아름다움은 내 삶의 기쁨, 소망이 된다.

- 내 마음은 _____ 때문에 상처받았고 슬프다.

- 나는 _____ (으)로부터 나와서 _____ (으)로 가고 싶다.

빈칸을 채운 다음 주위 사람과 나누는 시간을 가져보자. 배우자나 연인과 해도 좋고, 여러 사람이 함께한다면 돌아가면서 각자 쓴 문장을 발표하고 글쓴이에게 의견을 전달하면 된다.

쓰기 치유

2. 나눔 시간을 마친 뒤, 내가 쓰고 싶은 글을 느낌 가는 대로 써보자.

## 02 나의 상처와 마주하기

꽃

김춘수

내가 그의 이름을 불러주기 전에는

그는 다만

하나의 몸짓에 지나지 않았다.

내가 그의 이름을 불러주었을 때

그는 나에게로 와서

꽃이 되었다.

내가 그의 이름을 불러준 것처럼

나는 이 빛깔과 향기에 알맞은

누가 나의 이름을 불러다오.

그의 꽃이 되고 싶다.

우리들은 모두

무엇이 되고 싶다.

너는 나에게 나는 너에게

잊혀지지 않는 하나의 눈짓이 되고 싶다.

<small>김춘수, 《그는 나에게로 와서 꽃이 되었다》, 시인생각</small>

시는 각 개인이 경험한 것들을 자신과 타인, 다른 세계에 전달하려는 또 다른 의사소통 방식이며, 느낌과 생각으로 가득한 내면을 보다 의미 있게 표현하는 도구다. 김춘수의 시 〈꽃〉에서처럼 시란 내가 되고 싶거나 말하고자 하는 것에 이름을 붙여 그 의미를 전달하는 것이다.

시를 읽고 쓰고 나누는 일은 여러 가지 의미를 지닌다. 특히 괴롭거나 낙심했을 때 시를 읽고 쓰며 나눈다는 것은 자기 성찰과 해방을 의미한다. 삶의 새로운 면을 발견함과 동시에 지나친 집착에서의 '탈(脫)성찰'을 시도할 수가 있다는 점에서 그러하다. '탈성찰'이란 자신의 문제나 괴로움에 지나치게 집중되어 있는 사람을, 적절한 시기에 문제나 어려움으로부터 떨어져 나가도록 해주는 상담기법 중 하나다.

> 아무도 우리에게 말을 걸지 않을 때 시는 말을 건넨다. 시는 무기력한 삶에 생기를 불어넣는다. 시가 주는 감동은 고통스러운 감정을 붙들어 이를 탐색하고 변화시킨다. 과거와 현재, 미래의 삶을 짚어보고 이름을 붙이는 방법이 시를 읽고 쓰는 것이다.
> 시는 시를 읽고 쓰기 전에는 알지 못했던 것을 알려주는 안내자의 역할을 한다. 우리가 자신의 시에 감동하거나 타인의 시에 감동하는 바로 그 순간이 치료제로서 시의 본질이다.
>
> 존 폭스, 《시 치료》, 아시아

미국 시치료사 존 폭스의 글에서 보듯 시는 탈성찰적 성격을 지닌다. 지나친 자기중심적 사고에 빠져있거나 자기연민과 자기비하에 사로잡혀 있는 사람들에게, 자신을 객관적으로 바라보게 하고 삶이 주는 다른 의미들을 찾을 수 있게 만든다. 다시 말해 그 사람의 삶에 대한 관점을 바꿔 그동안 보지 못한 것들을 볼 수 있도록 눈이 열리게 한다. 새로운 것을 깨닫는 과정은 우리의 정체되어 있던 생각이나 감정을 변화시킬 뿐만 아니라 행동에도 영향을 미친다. 그런 의미에서 시 쓰기를 통한 탈성찰은 또 다른 유익한 성찰이 되는 것이다.

다음은 아버지가 자살한 후에 시를 통해 마음의 회복을 찾은 어떤 젊은이의 글이다. 이 젊은이는 시를 쓰며 유익한 성찰을 해냈다.

나는 죽음 속에서 살고 있었다.
나를 감싸고 있는 어둠을 더듬으며 일상으로 나가려고 했다.
글쓰기는 무형에서 유형의 형식을 주고 내면의 시선에 확신을 주어
어둠 속을 헤쳐 나올 수 있도록 도와주었다.
시 쓰기는 내가 중심이었던 내면세계에 강한 현실감을 깨닫게 해준다.
마치 투명인간이 먼지를 뒤집어씀으로써 그 존재를 드러내듯이 말이다.
그로 인해 나는 어둠밖에 없었다는 것을 확실히 알게 된 경험에
감사와 연민을 느낄 수 있었다.

사람이 감정을 조절하지 못하고 압도되면 몸 안팎으로 많은 문제가 발생한다. 몸은 항상 지쳐있고 인지에 어려움이 생겨 올바른 판단도 내리

기 어렵다. 매사에 집중이 안 되고 의욕도 떨어져 삶이 고통스럽게만 여겨진다. 바로 이때가 내면의 대화를 시작하며 글을 써야 할 시점이다.

먼저 자신의 아픔과 고통, 상처를 바라보며 '많이 아프고, 괴롭고 슬프다'라고 인정하고 고백할 수 있어야 한다. 이것이 치유의 시작이다. 더 나아가 그 고통과 아픔을 충분히 이해하고 넘어서면 자신이 가진 중요한 것들을 찾으려 한다. 치유의 더욱 심화된, 변화의 단계로 나아가는 것이다. 바로 이 단계에 있는 화자의 목소리가 담긴 시 〈밤일지라도〉를 읽어보자.

밤일지라도

존 폭스

밤이면 밤마다 내가 걱정했던 것

그것은 매우 무서워서

종종

나는 이 이상

어떤 것이 더 나쁠 수 있을까 생각한다.

너무나 아프기 때문에

나 자신을 증오하는 것조차 지치자

외로움은

갈 곳이 없다.


스스로에 대한

연민의 감정을 멈출 때

마음을 열어야 할 때

밤일지라도

신에게 간청해야 할 때



시 〈밤일지라도〉는 이중적인 구조를 지닌다. 서두에서 '매우 무서워서' '너무나 아프기 때문에'라며 절박한 심경을 고백하고 있다. 그러나 말미에는 '마음을 열어야 할 때' '밤일지라도 신에게 간청해야 할 때'로 고백의 성격이 바뀐다.

화자는 온갖 외로움과 자기 증오를 넘어서, 자기를 들여다보고 외로움과 증오보다 더욱 중요한 가치를 찾는다. 이 시를 여러 번 읽다 보면 청자인 우리는 다른 누구도 아닌 스스로가 자신을 증오했음을 이해하고 이제는 '신에게 간청해야 할 때'임을 깨닫게 될 것이다.

여기에 슬프고 괴롭지만 이런 자기의 모습을 솔직하게 드러낸 시, 리타 모렌(Rita Moran)의 〈제발(Please)〉을 소개한다.

### 제발

리타 모렌

제발, 내게 슬픔을 완전히 극복했는지 묻지 말아주세요.
나는 완전히 극복할 수 없을 것입니다.

제발, 그가 있는 곳이 여기보다 낫다고 말하지 마세요.
내 곁에 없는 것이 문제니까요.

제발, 더 이상 그가 아프지 않으니 됐다고 말하지 마세요.
왜 그 애가 고통받아야 했는지 아직 이해할 수 없답니다.

제발, 내가 느끼는 것을 당신도 알고 있다고 말하지 마세요.
당신 또한 아이를 잃었다면 모를까요.

제발, 버티고 계속 살아가라고 말하지 마세요.

이렇게 버티고 있잖아요?

제발, 나아졌느냐고 묻지 마세요.
상실의 아픔은 사라지는 것이 아니잖아요?

제발, 하나님은 실수를 범하지 않으신다고 말하지 마세요.
그분이 일부러 이렇게 하셨다는 뜻인가요?

제발, 적어도 그와 함께 34년을 살지 않았느냐고 위로하지 마세요.
당신은 당신의 아이가 몇 살에 죽어야 한다는 건가요?

제발, 신은 인간에게 견딜 만큼의 형벌만 내린다고 말하지 마세요.
인내력의 정도를 누가 결정하나요?

제발, 당신의 마음이 아프다고만 말해주세요.
제발, 그 아이를 기억하고 있다고만 말해주세요.
진실로 기억하고 있다면요.

제발, 내가 말하고 싶을 때 그 말을 들어주세요.
그리고 제발, 내가 울어야 한다면 울도록 내버려두세요.

시의 치유적 힘

자녀를 잃은 상실과 큰 아픔 앞에서 시인 리타 모렌은 자신의 처절한 심경을 솔직하게 드러내고 다른 사람들의 반응에 이의를 제기한다. 그리고 마지막에는 자신이 하고 싶은 말들을 쏟아낸다. '그 아이를 기억하고 내 말을 들어주며 울도록 내버려두라'는 부탁을 통해 자신의 슬픈 마음과 원하는 바를 잘 표현하고 있다. 시 속에 '자신의 처지에 대한 이해'와 '자신이 원하는 바(부탁)'과 '현재의 상태(잘 버티고 있음)'를 모두 담아냈다.

다음의 시 〈얼마 후〉는 보다 깊은 성찰을 보여준다.


### 얼마 후

베로니카 A. 쇼프스톨

얼마 후 당신은 그 미묘한 차이를 알게 될 것입니다.

손을 잡는 것과 영혼을 사슬로 묶는 것 사이의

그리고 당신은 사랑을 깨닫는 것이 아님을

동반하는 것이 언제나 안전하다는 것을

의미하지 않음을 알게 됩니다.


그리고 당신은 입맞춤이 사랑을 약속하지 않는다는 것을

선물이 아무것도 약속하지 않는다는 것을 알기 시작합니다.

그리고 당신은 당신의 패배를 인정합니다.

당신의 머리를 들고, 눈으로 앞을 바라보며

어린 아이의 슬픔이 아닌 여자의 우아함으로

그리고 당신은 오늘 위에 당신의 길을 내는 것을 배웁니다.


왜냐하면 내일의 땅을 계획하기에는 너무도 불확실하기에

그리고 미래는 중간으로 떨어지는 길을 갖고 있으므로

얼마 후 당신은 태양 빛에도 탈 수 있다는 것을 알게 될 것입니다.

너무 많이 쬐면 말이죠.

그래서 당신은 당신 자신의 정원을 심고 자신의 영혼을 단장합니다.

누군가가 꽃을 가져다주기를 기다리는 대신에

당신은 자신이 정말로 견딜 수 있다는 것을 알게 됩니다.


당신이 정말 강하다는 것을

그리고 당신이 가치 있는 일을 한다는 것을

당신은 깨닫고 또 깨닫습니다.

당신이 깨달은 모든 이별로부터.

시 〈얼마 후〉를 여러 번 읽어보자. 괴로운 일을 당했거나 고뇌하는 사람들은 시를 읽으면서 강한 위로와 성찰, 새로운 다짐을 느낄 수 있을 것이다. '당신의 길을 내는 것' '정말로 견딜 수 있다는 것' '가치 있는 일을 한다는 것'이라는 표현을 통해 화자는 의미 있고 깊은 성찰이 있는 삶의 모습을 그리고 있다. 그리고 곧 자신의 존재와 가치감을 발견한다.

언젠가 수업에 참석한 50대 여성 Y씨가 이 시 〈얼마 후〉를 읽은 후 울고 있는 것을 보았다. 그녀에게는 25살 난 아들이 있는데, 교통사고로 한 달간 혼수상태로 있다가 간신히 깨어나 회복 중에 있었다. 그녀는 아들이 있는 병원으로 가는 길에 아래와 같은 글을 나에게 보내주었다.

그 아이는 나의 모든 것이었어요. 나의 희망이었고요.
너무도 느린 회복이 나를 힘들게 하고 괴롭게 합니다. 청천벽력과 같은 사고가 믿어지지가 않았고, 절망 속으로 빠져 들어가는 자신이 싫으면서도 어쩔 수가 없었어요. 이제는 정말로 더욱 견뎌야 한다는 것을 알게 되었지요. 새로운 나의 길을 확실하게 알게 된 것입니다.

그리고 내가 더 강해져야 한다는 것을 깨닫게 되었어요. 우리 집 정원에 다시 꽃을 심고, 황폐한 내 영혼을 제자리로 올 수 있도록 해야 한다는 것을 깨닫게 되었어요.

기도를 부탁드려요.


다음 수업 때 우리는 김지하 시인의 〈생명〉이란 시를 함께 읽고 나눴다.


### 생명

김지하


한줄기 희망이다.

캄캄 벼랑에 걸린 이 목숨

한줄기 희망이다.

돌이킬 수도

밀어붙일 수도 없는 이 자리

노랗게 쓰러져 버릴 수도

뿌리쳐 솟구칠 수도 없는

이 마지막 자리

어미가

새끼를 껴안고 울고 있다.

생명의 슬픔

한줄기 희망이다.

김지하, 《빈 산》, 시인생각

 

김지하 시인은 '어미가 새끼를 껴안고 울고 있는' 모습 자체를 희망이라고 표현했다. 극도로 어둡고 고통스러우며 단절된 절망의 이미지들을 표출하면서도 '한줄기 희망'은 어미가 새끼를 껴안고 울고 있는 생명의 슬픔으로 대치시켰다. '캄캄 벼랑' '돌이킬 수도, 밀어붙일 수도 없는 이 자리' '노랗게 쓰러져버릴 수도, 뿌리쳐 솟구칠 수도 없는' 것이 현실이지만, 이 단절된 세계에서 한줄기 생명을 발견하고 희망을 찾은 것이다. 즉, 더 중요하고 더 가치 있는 방향으로의 성찰을 통하여 현실과의 갈등을 재해석한 치유의 길을 보여준다.

그날 Y씨는 시 치료 반의 동료들에게 이런 글을 읽어주었다.

너무도 캄캄하고 무서운 현실,

아들의 사고는 나의 모든 것을 뒤흔들고

아무런 생각도 행동도 할 수가 없어

더 무서운 것은 모든 것을

증오하는 나의 마음.


의미 있는 시를 읽고 쓰며,

나에게 오는 것은 아들의 생명,

부상당하고 아파서 신음 중에 있지만

그래, 아들은 아직 살아있다.

더욱 회복될 가능성에 희망을 붙들며

아직 아들은 살아있고, 회복 중에 있다.

생명이 있고 살아있다.


소망과 최선으로, 주지 못한 사랑 더 주며,

나처럼 고통을 당하고 있는 그들에게

내가 먼저 사랑을 표현하며

위로하고 지지하며 이 길을 함께 가리.

작은 등불 같이 밝히며 희망으로 일어서리.

그 뒤로 Y씨는 그녀의 삶을 통해 점진적인 변화를 보여주었다. 병원에서 소중한 관계들을 맺고 서로를 위로하고 지지하면서 몸도 마음도 달라졌다. 그리고 수업에 올 때마다 아들이 나아지고 있다는 소식을 가져다주었다.

### 실전 글쓰기

다음 단어를 참고해 '나'에 대한 시나 글을 써보자. 자신이 좋아하는 단어를 추가해도 된다. 어떤 모습의 나라도 상관없다. 과거나 미래의 나를 묘사하거나, 나의 기대와 열망을 쓰는 것도 흥미로운 작업이 될 것이다. 다 쓰면 누구든 나를 이해할 수 있는 사람과 이 글을 나누어보자.

– 말, 장미, 의자. 책, 음악, 옷, 비, 사랑, 우울, 무지개, 상처, 눈물, 방황

수업 때 어느 40대 여성이 제시된 단어들을 사용하여 쓴 글이다.


비와 음악을 사랑했던 그녀
그가 말로 던지는 아픈 화살에 찔려
눈물과 상처로 나날을 아파했네.

우울과 고통을 감추며 지내다가
책 속에서 발견한 무지개를 탄 날
그녀는 다시 장미와 사랑을 찾아 나섰네.
다른 의미의 사랑을 찾을 것을 확신하면서.


    남편과의 불화 속에 우울증과 심한 무기력감으로 힘들어했던 그녀는 이 글을 쓰고 다른 사람들과 나누면서 눈물을 흘렸다. 그런 후에 마음의 안정감을 되찾게 되었다는 고백도 함께했다.
    위의 시에서 '책 속에서 발견한 무지개를 탄 날'은 시 치료를 의미한다. 그리고 '다른 의미의 사랑'이란 구절은 그녀의 소망과 통찰, 기대를 뜻한다. '다시 장미와 사랑'을 찾기로 한 그녀에게 우리 모두는 박수를 보내며 진심으로 기뻐했다.

# 03
## 아픔을
## 시로 고백하라

**그때는 기억하라**

로저 핀치스

길은 너무 멀고 밤이 밀려올 때

모든 일이 다 어긋나고 친구조차 없을 때

그때는 기억하라.

사랑하는 사람이 있다는 것을.


웃음은 사라지고 마음이 아플 때

날개를 펼쳐도 날아오를 수 없을 때

그때는 기억하라.

사랑하는 사람이 있다는 것을.

일을 끝내기도 전에 시간은 저만치 달아나고

시작도 하기 전에 시간이 끝나버릴 때

사소한 일들이 앞길을 막아 아무것도 하지 못할 때

그때는 기억하라.

사랑하는 사람이 있다는 것을.


사람들은 멀리 떠나고 홀로 남겨졌을 때

해야 할 말조차 떠오르지 않을 때

혼자 있다는 것이 마냥 두려울 때

그때는 기억하라.

사랑하는 사람이 있다는 것을.



암이나 불치의 병에 걸려 고통 중에 있는 사람들도 시를 쓰고 읽으며, 서로 나눔의 시간을 가진다. 자신의 감정을 표출하고 서로 보살핌과 따뜻함을 주고받음으로써 무기력함과 절망, 불행한 감정으로부터 탈출할 수 있기 때문이다. 친밀한 관계 안에서 서로를 의지하며 감정을 주고받는 과정 그 자체가 치유와 성장으로 연결된다. 불안과 우울에 시달리던 사람도 진정한 위로와 격려를 받으면 우뇌의 안정으로 인하여 빠른 변화가 가능하다.

먼저 나의 고통이나 아픔, 절망을 말할 수 있다는 것은 나를 드러낼 통로를 찾았다는 것이다. 나아가 고통이나 아픔을 시로 표현하고 다른 이들과 서로 나누며 자신의 상황과 존재를 수용하고 받아들이면 인생의 부조리나 역설을 넘어서는 경험을 할 수 있다. 그래서 로저 핀치스는 시 〈그때는 기억하라〉에서 사랑하는 사람의 존재를 반복하여 강조한다. 그런 상황과 처지를 솔직히 나눌 수 있어서이다.

또한 나의 질병이나 치명적인 아픔을 인정하고 자신의 마음과 타협하는 자세를 지니면, 아픔이나 고통보다 더 중요한 나 자신을 발견하게 되며 지금보다 넓은 세계를 보는 눈이 열린다. 곧 자신의 참 정체성을 찾는 것이다. 글로 얻는 깊은 깨달음은 우리 삶의 영역을 넓고 깊게 한다. 독일의 문학가 헤르만 헤세는 시에 대해 이런 말을 남겼다.

시는 원래 솔직한 것이다. 시는 생명을 가진 영혼이 스스로를 보호하고 감정과 경험을 깨닫기 위해 표출하는 방출, 외침, 울부짖음, 한숨, 몸짓, 반응이다. 시의 이러한 자연 발생적이며 중요한 작용 때문에 시를 함부로 판단할 수 없는 것이다. 그것은 그의 부르짖음, 그의 절규, 그의 꿈, 그의 미소, 그의 내지르는 주먹이다.

헤르만 헤세가 지적한 것처럼 가슴속에 들어있는 것들을 방출, 외침, 울부짖음, 한숨, 몸짓으로 반응하는 것은 몸과 마음을 달라지게 한다. 이는 치유의 문을 여는 첫 단계이기도 하다.

**사람들에게는 말하고 싶지도 않고 알릴 수도 없는 고통이지만 누군가는 알아주고 공감해주기를 간절히 바라는 양가감정\*이 존재한다.** 고통스러울수록 회피하고 싶고, 두렵고, 대면하기 어렵지만 이를 글과 시로 표현하고 서로 나누며 공감과 지지를 얻는 경험을 하게 되면 인지와 감정에 변화가 온다.

압축된 시어 안에는 생각지도 못했던 가능성이 나타난다. **시 쓰기는 위안과 통찰을 통해 어렵고 고통스러운 경험에서 벗어나게 한다.** 특히 고통스러운 주제에 대해 시를 쓰는 것이 불가능할 때가 있다. 그것은 어두운 밤에 전혀 알지 못하는 길을 가는 것처럼 두려운 일이다. 그러나 언젠가 어둠 속에서 한 발자국이라도 앞으로 나아가야 할 때가 온다. **진정한 과업은 단순히 시를 읽고 쓰는 것뿐만 아니라 그 안에서 살아가는 것이다.** 상실과 좌절의 고통 속에 살면서 어려운 시기에도 변화하고 성장해야 한다.

---

\* 어떤 대상, 사람, 생각 등에 대해 동시에 대조적인 감정을 지니거나, 감정이 이랬다저랬다 하는 상태. 다른 말로 '모순감정'이라고도 한다.

우리가 계속 살아가려면 어떤 선택을 할 것인가? 시라는 좋은 노래를 표현하는 것을 선택할 수 있다. 시 속에 고통을 외칠 수 있는 여백을 만들어라. 이 속에서 효모를 찾는다면 집중하고 있는 것에 대해 말해보자.

존 폭스, 《시 치료》, 아시아

정리하자면 아픔과 고통 속에 있는 사람들에게 시 쓰기란, '시 속에 고통을 외칠 수 있는 여백을 만들고' '상실과 좌절의 고통 속에 사는 어려운 시기에도 변화하고 성장해야 하며' 마침내 '위안과 통찰을 통해 어렵고 고통스러운 경험에서 벗어날 수 있음'을 알아가는 과정이다.

독일의 시인 라이너 마리아 릴케가 쓴 글을 보자.

(전략) 그러나 도움이 필요한 이들은 나서서
말해야 한다. 나는 장님이오.
또는 내가 장님이 될 것 같소.

또는 잘되는 일이 하나도 없소.

또는 아픈 아이가 있소.

또는 바로 그게 내가

관심을 두고 있는 것이라오. (중략)

그러면 아마 어떤 일도 일어나지 않을 것이다.

그들은 노래해야만 한다.

만일 노래하지 않는다면,

마치 그들이 울타리나 나무인 것처럼

사람들이 모두 스쳐 지나갈 테니까.

그곳이 바로 당신이 바로 훌륭한 노래를

들을 수 있는 장소다.

사람들은 정말 이상키도 하지.

거세된 소년들의 합창을 더 좋아하니.

그러나 신은 스스로 와서

긴 시간을 머문다.

불안전한 사람들의 세상이

그를 지루하게 할 때도.

릴케는 필요하다면 말하고 노래하라고 이야기한다. 하지만 대개의 사람들은 불편한 감정이 느껴질 때 표현하기보다는 억압하려는 경향이 있다. 누군가에게, 그것도 나를 이해하며 공감해줄 수 있는 사람에게 무엇을 고백하고 나누는 것이 익숙하지 못하기 때문이다. 우리들에게 가장 필요한 것은 고백할 수 있는 안정된 환경이다. 그다음은 사람과 사람 사이의 친밀감을 나누며 사랑과 인정의 욕구가 채워지는 경험이다. 표현할 수 없어서 혹은 표현하는 방법을 몰라서 억압되었던 나의 불편하고 고통스러웠던 감정들, 그동안 고통스러워도 아닌 것처럼 가짜로 살아왔음을 이제는 인정하고 고백해보자.

성경의 〈시편〉에는 다윗이 자신의 아픔과 고통을 드러내는 구절이 무수히 많다. 그 형식을 살펴보면 다윗은 먼저 처절하고 괴로운 자신의 생각이나 감정을 충분히 드러내고 부르짖는다. 그다음에는 하나님께 돌아가 도움을 요청하거나 자신을 지켜주시고 구원하신 하나님을 오히려 찬양한다.

내용상 다윗은 자신을 이해하며 모든 것을 다 알면서도 사랑해주시고 인도하시는 하나님께 처절하고 절실하게 부르짖으며 아픔과 고통을 쏟아놓는다. 그 예의 하나인 〈시편〉 38편을 보자.

내가 아프고 심히 구부러졌으며

종일토록 슬픔 중에 다니나이다.

내 허리에 열기가 가득하나이다.

내 살에 성한 곳이 없나이다.

내가 피곤하고 심히 상하였으므로

마음이 불안하여 신음하나이다.

〈시편〉 38편 6~8절(개역개정)


여호와여 내가 바랐사오니

내주 하나님이 내게 응답하시리이다.

내가 넘어지게 되었고

나의 근심이 항상 내 앞에 있사오니

내 죄악을 고하고 내 죄를 슬퍼함이니이다.

내 원수가 활발하여 강하고 무리하게

나를 미워하는 자가 무수하오며

또 악으로 선을 갚는 자들이

내가 선을 좇는 연고로 나를 대적하나이다.

여호와여 나를 버리지 마소서.

나의 하나님이여 나를 멀리하지 마소서.

속히 나를 도우소서! 주 나의 구원이시여!

〈시편〉 38편 15~22절(개역개정)

다윗은 〈시편〉의 다른 구절들을 통해서도 무수히 하나님께 부르짖는다. 고통, 괴로움, 절망 등 보통 사람은 표현하기 어려운 것까지 토로하고 외치며 하나님께 도움을 청한다. 이를 통해 끔찍한 상황에서 벗어난 다윗은 나중에는 하나님을 찬양하며 감사하는 단계까지 나아간다.

하나님, 주님의 한결같은 사랑으로

내게 자비를 베풀어주십시오.

주님의 크신 긍휼을 베푸시어

내 반역죄를 없애주십시오.

내 죄악을 말끔히 씻어주시고

내 죄를 깨끗이 없애주십시오.

나의 반역을 내가 잘 알고 있으며,

내가 지은 죄가 언제나 나를 고발합니다.

주님께만, 오직 주님께만, 나는 죄를 지었습니다.

주님의 판결은 옳으시며

주님의 심판은 정당합니다.

〈시편〉 51편 1~4절(새번역)

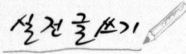

1. 내 마음의 목소리가 외치고 있는 것, 꼭 말하고 싶은 것이 있다면 생각나는 대로 느끼는 대로 써보자. 어떤 주제든 상관없다. 오래전 사건을 묘사해도 좋다. 그런 다음 서로 나누어보자.

2. 다음 글들을 읽고 느낌을 서로 나누어보자.

  내가 인도하는 수업에 여러 번 참석했던 어느 50대 여성은 다음 글을 읽으며 통곡했다. 어린 시절 사랑받지 못하고 자랐다는 사실과, 평탄치 않은 결혼 생활 때문에 겪었던 슬픔과 아픔이 겹쳐 그녀는 한참을 울었다. 집에 가서도 며칠이나 앓아눕기까지 했다.


### 내 이름은 수치심 중독

앨리스 밀러

당신의 생각 안에 있습니다.
당신 어머니의 수치심의 아드레날린제에서
어머니 자궁 안에 있는 양수에서
당신은 나를 느꼈습니다.
당신이 말을 시작하기도 전에
당신이 이해하기도 전에
어떤 방식으로든 알기도 전에
내가 먼저 생겼습니다.

당신이 걸음마를 배우고 있을 때

보호받지 못할 때, 위험에 노출되었을 때

상처받고 도움이 필요할 때

그러나 어떤 경계선도 갖기 전에

내가 나타났습니다.

내 이름은 수치심 중독입니다. (중략)


나는 깊고 축축한 어두움의 층에서

억압과 절망과 함께

은밀하게 살고 있었습니다.

나는 항상 몰래 당신에게 다가가고,

뒷문을 통해 들어와 당신을 감시합니다.

초대받지 않았고 원하지 않아도

제일 먼저 와있었습니다.

아버지 아담과 어머니 이브

그리고 카인 형과 함께

처음부터, 시작부터 거기에 있었습니다.

무죄한 사람이 학살당하던 바벨탑에도 있었습니다.

내 이름은 수치심 중독입니다.

나는 완벽주의적인 체계의

부끄러움을 모르는 보호자와

버려짐, 비웃음, 학대, 무시로부터 왔습니다.

부모의 분노가 뿜어내는

충격적인 강렬함에서 힘을 부여받습니다.

형제들의 잔인한 말들

다른 아이들의 조롱과 굴욕감

거울에 비쳐지는 자신 없는 모습

불쾌하고 두려운 접촉

때리거나 조이는 것, 믿음을 파괴하는 경련

인종차별주의자, 문화적 남녀 차별주의자에 의해

더욱 강력해집니다.

편협한 종교 중독자들의 독선적인 정죄

학교폭력 안에 만연한 두려움과 압박

정치인들의 더러운 위선

역기능적인 가족 체계의 세대 간에 걸친 수치심

내 이름은 수치심 중독입니다.

나는 여자, 유태인, 흑인, 동성애자, 동양인, 귀중한 아이들을

창녀, 유태교도, 깜둥이, 호모들, 동성연애자,

변태, 짱깨, 못된 작은놈으로

바꾸어버릴 수 있습니다.

나는 오래된 아픔을 가져다줍니다.

그 아픔은 끈질기게 계속됩니다.

밤낮으로 당신을 몰래 따라다니는 사냥꾼입니다.

매일 어느 곳이든

나에게는 경계선이 없습니다.

나로부터 아무리 도망가려해도

피할 수가 없습니다.

왜냐하면 나는 당신의 안에 살고 있기 때문입니다.

당신을 아무 희망 없는 상태로 만들어버리고

더 이상 갈 곳이 없는 것처럼 만들어버립니다.

내 이름은 수치심 중독입니다.


나의 아픔은 너무나 지독해서

통제, 완벽주의, 경멸, 비판, 비난,

시기, 판단, 힘, 격노를 통해

당신은 나를 다른 사람에게 보내야만 할 겁니다.

나의 아픔은 너무나 격렬해서

당신은 중독, 경직된 역할, 재현, 무의식적인 자기방어로

나를 감추어야 할 겁니다.

나의 아픔은 너무나 격렬해서

당신은 마비가 되어버려

더 이상 나를 느낄 수도 없습니다.

마치 내가 존재하지 않는 것처럼

내가 없다고 당신에게 확신시키면

당신은 부재와 공허감을 경험합니다.

내 이름은 수치심 중독입니다.


나는 상호의존의 핵심입니다.

나는 정신적인 파산입니다.

비합리적인 논리

반복적인 강박

범죄, 폭력, 근친상간, 강간입니다.

나팔꽃이라는 별명을 가진 40대 여성도 눈물을 흘렸다. 그녀는 읽을수록 자신의 이야기 같아서 더욱 슬프고 암울해졌다고 했다. 후에 그녀는 이런 글을 써서 여러 사람들에게 읽어주었다.

나도 모르는 내 속에 가득 찬 수치심들

나를 지독히도 괴롭히고

알코올중독이었던 아버지와 같이 살면서

우리 가족들이 얻는 것은,

표현할 수 없는 깊은 수치심.

술만 드시면 폭행과 폭언하는 아버지,

공포와 불안으로 떨며 살아야 하는 어머니와 나

그리고 동생들과 사는 삶 자체가 지독한 지옥이었어요.

어머니가 불쌍해서 살았습니다.

어린 나이였지만 삶의 어둡고 아픈 면들이 전부인 양

위축되고 목마른 채,

행복이 무엇인지를 모르고 살아왔어요.

주위를 둘러보면 행복한 사람들이 많은데

나 혼자는 늘 외로운 아이……

바다에 혼자 있는 외로운 섬처럼 지내왔어요.

저 시에 들어있는 단어들은

나에게 너무도 익숙한 단어들입니다.

통제, 완벽주의, 경멸, 수치심, 비난, 시기, 판단, 분노, 마비, 부재, 공허감.

그러나 이제 이곳을 떠나 다른 땅으로 가야 함을 알게 되었습니다.

이 어둡고 캄캄했던 땅을 떠나, 햇빛과 사랑이 있는 동산을 찾아

떠날 것을 다짐하였습니다.

 

 오늘날 가정을 파괴하는 주범 중의 하나는 학대이다. 남성은 여성을, 여성은 남성을 학대한다. 신체적, 정서적, 언어적 학대가 난무하는 세상에 우리는 살고 있다. 더욱 아픈 사실은 부모가 자녀들을 학대하고 그 아이들도 자라나면 부모를 학대한다. 이들 모두에게는 강력한 분노와 불안이 내면에 자리 잡고 있다. 앞의 고백처럼 자신의 원함과 기대, 원망과 미움, 채우지 못했던 것들을 글로 쓰는 것은 나를 인식하게 하며 마음의 안정을 찾게 한다.

3. 다음의 단어들을 사용하여 글을 써보자.
 - 통제, 완벽주의, 경멸, 수치심, 비난, 시기, 판단, 분노, 마비, 부재, 공허감

시의 치유적 힘

## 04
# 삶의 진실을 찾아서

**시는 외로움을 이기게 한다.** 현실은 아픔이지만, 고통을 벗어나게 한다. 시는 아름다운 방법으로 진실을 이야기하게 한다.* 다음의 시 〈진정한 여행〉도 그렇다.

### 진정한 여행

나짐 히크메트

가장 훌륭한 시는 아직 쓰여지지 않았다.

가장 아름다운 노래는 아직 불려지지 않았다.

최고의 날들은 아직 살지 않는 날들

---

* 권일송 편저, 《윤동주 시집: 그의 시와 인생》, 청목문화사

가장 넓은 바다는 항해되지 않았고

가장 먼 여행은 아직 끝나지 않았다.

불멸의 춤은 아직 추어지지 않았으며

가장 빛나는 별은 아직 발견되지 않는 별

무엇을 해야 할지 아직 알 수 없을 때

그때 비로소 진정한 무엇인가를 할 수 있다.

어느 길로 가야 할지 더 이상 알 수 없을 때

그때가 비로소 진정한 여행의 시작이다.


큰 고통이나 비관, 절망, 무기력, 깊은 우울, 낙심 등에 빠진 사람들은 흔히 특수한 안경을 쓴 것처럼 한곳에만 집중한다. 곧 비합리적인 사고나 부정적인 예측, 자기연민에 사로잡혀 점점 더 깊은 고통의 심연으로 빠지게 되고 삶의 의미와 진실은 외면한다. 그래서 더욱 절망에 갇히는 것이다.

마치 분노가 많은 사람들이 내면의 긍정적이고 좋은 감정들을 외면한 탓에 주위 사람들에게 치명적인 상처를 주는 것처럼, 큰 고통과 절망에 빠져있는 사람들도 자신들의 소중하고 좋은 면들을 쉽게 외면한다. 그런데 평생 정신적으로 어려운 사람들을 상담하며 치유했던 버지니아 사티어는 이렇게 말했다.

우리는 우리 자신의 능력을 믿습니다. 다른 사람에게 도움을 청할 수도 있지만 우리는 스스로 결정할 수 있고, 결국 자신이 가장 훌륭한 자원임을 믿습니다. 우리는 자신의 가치에 감사하며 다른 사람들의 가치를 인정하고 존중할 준비가 되어있습니다. 우리는 신뢰와 희망을 발산합니다.

버지니아 사티어, 《아름다운 가족》, 창조문화

그렇다. 인간에게는 내면에 잠재된 치유능력이 있음을 간과해서는 안 된다. 물론 치유능력은 인간관계에서도 얻을 수 있다. 그리고 사람의 내면에 있는 가장 중요한 자존감이나 삶에 대한 열망, 소망, 위로, 사랑, 믿음, 정직 등은 우리를 치유하는 근본적인 힘이 될 수 있다. 자신의 가치를 감사히 여기고 타인의 가치를 인정해주는 것이야말로 진실된 삶을 찾는 일 중 하나이다.

성경 말씀을 비롯하여 세상에는 많은 위로와 격려의 글들이 있다. 드넓은 자연, 친구, 음악, 예술, 여행이나 그 밖의 아름다운 것들을 통해서도 우리는 자신의 삶을 받아들이고 살아갈 진실한 의미를 찾을 수 있다.

그럼 삶의 진실을 그려낸 시들을 살펴보자. 윤동주의 〈서시(序詩)〉부터 성경의 〈시편〉까지 다양한 작품들이 있다.

### 서시

윤동주

죽는 날까지 하늘을 우러러
한 점 부끄럼이 없기를,
잎새에 이는 바람에도
나는 괴로워했다.
별을 노래하는 마음으로
모든 죽어가는 것을 사랑해야지
그리고 나한테 주어진 길을
걸어가야겠다.

오늘 밤에도 별이 바람에 스치운다.

시 〈서시〉는 한 젊은이의 고백으로 이뤄져 있다. 먼저 자신의 번민과 괴로움을 고백한 다음, 뒤이어 그가 찾은 진실한 삶을 살고자 하는 결심을 이야기한다.

처음에 화자는 '하늘을 우러러 한 점 부끄럼이 없기를'이라는 소망을 갖고 순수하고 결백한 삶을 살고 싶었다. 그러나 그다음에 삶을 그렇게 산다는 것이 얼마나 어렵고 힘든 것인가를 날카로운 반성의 언어로 표현했다. 자신을 돌아보고 자책하며 생기는 부끄러움이나 죄책감을 다음과 같이 묘사했다. '잎새에 이는 바람에도 나는 괴로워했다'고. 이는 자신의 양심을 드러내는 표현이기도 하다.

화자는 더 높은 경지, 삶의 진실과 자신의 결의까지 보여준다. 곧 '별을 노래하는 마음으로' '모든 죽어가는 것을 사랑해야지' '나에게 주어진 길을 걸어가야겠다'는 성숙한 결의를 강조한다. 비록 현실의 삶이 아프고 어렵더라도, 의연히 비추는 별처럼 '바람과 어두움과 외로움'을 이기는 당당함을 약속하고 있는 것이다.

한편, 시인 리사 맥모나글은 류머티즘 관절염이라는 병을 판정받고 육체적인 고통과 황폐한 마음속에서 시 〈검은 호두나무〉를 써 내려갔다.

### 검은 호두나무

리사 맥모나글

하루 일을 마치며 흩어진 장난감을

정리하는 어머니처럼

안에 있는 딱딱한 껍질이 나올 때까지

껍질을 벗겨내는 다람쥐를 위해

나는 몸을 구부려

테니스공만 한 크기와 색의

초록색 호두를 주워 모아

검은 호두나무 밑에 쌓아놓는다. (중략)

할아버지가 나뭇가지를 둘러

매달아놓은 체인은

도살된 돼지의 피가 다 빠질 때까지

매달아놓은 지혈대처럼

아직도 가지 위에 묶여있어

그 체인은 50년 세월의 비바람으로

너무 낡아서

만약 내가 닿을 수만 있다면

녹슬어 내 손가락의 굳은살처럼

떨어질 것 같은데

사다리를 놓고 올라가

그 체인을 풀 수도 있지만

나무는 자라고, 다른 모든 생명체처럼

그 상처를 자기 자신의 일부로 만든다.


리사 맥모나글은 시 쓰기에 대하여 다음과 같이 이야기했다.


시의 첫 부분은 모성애와 양육을 나타낸다. 다람쥐를 위해 호두를 모은다. 그것이 나를 양육했다. 양육한다는 것은 내가 비록 완벽하지 않더라도 내가 보살핌을 받을 자격이 있다는 것을 뜻한다.
시가 내게 보여주는 것은 나에게 상처를 주고, 불완전하게 만드는 것도 내 경험의 일부라는 점이다. 그것들을 밀어내고 나의 태도를 더 완고하게 만들기보다, 그것을 받아들이고 내 삶의 일부로 받아들이는 것이다. 이 시는 내 치료의 시작이었다. 나는 이 시를 쓰고 얼마 후에 치료를 시작했다. 이 시가 의미하는 것을 오랜 시간이 지난 후에 알게 되었고, 아직도 그것을 알아가고 있다. 답은 내 안에 있다는 것을 느낀다. 시는 치료 과정을 더욱 효과적으로 이끈다.

〈시편〉 43편 역시 다윗이 쓴 다른 〈시편〉처럼 비슷한 구조를 취하고 있다. 앞부분에서 괴롭고 어려운 상황을 간절하고 애절하게 부르짖고, 뒷부분에서는 이 부르짖음이 찬양과 소망의 노래로 변한다.

하나님이여 나를 판단하시되 경건치 아니한 나라에 향하여
내 송사를 변호하시며 간사하고 불의한 자에게서 나를 건져내소서

주는 나의 힘이 되신 하나님이시어늘 어찌하여 나를 버리셨나이까
내가 어찌하여 원수의 압제로 인하여 슬프게 다니나이까

주의 빛과 주의 진리를 보내어 나를 인도하사
주의 성산과 장막에 이르게 하소서
그런즉 내가 하나님의 단에 나아가 나의 극락의 하나님께 이르리이다
하나님이여 나의 하나님이여 내가 수금으로 주를 찬양하리이다

내 영혼아 어찌하여 낙망하며 어찌하여 내 속에서 불안해하는가
너는 하나님을 바라라 나는 내 얼굴을 도우시는 내 하나님을
오히려 찬송하리라


마지막 부분 '내 영혼아 어찌하며 낙망하며 어찌하여 내 속에서 불안해하는가 너는 하나님을 바라라 나는 내 얼굴 도우시는 하나님을 오히려 찬송하리로다'는 〈시편〉에 자주 등장하는 구절이다. 다윗은 늘 자신의 아픔과 고통을 토로하고 난 다음에는 반드시 하나님을 의지하고 찬양을 부르짖는다. 하나님의 선함과 인도하심을 알고 있기에 간절히 구하며 환경을 이길 수 있는 믿음으로 진실을 노래하는 것이다.


시 쓰기는 자신을 흔들리지 않도록 한다. 질병에 반발하거나 그 안에서 완전히 길을 잃는 것이 아니라, 질병에 순응하도록 한다. 시적 언어로 글을 쓰는 것은 곤란하고 혼란스러운 경험에 창조적인 힘과 공간을 부여해준다. 시를 쓰는 과정은 우리를 영적 뿌리와 창조적 시상에 연결해주고, 우리는 그로부터 힘을 얻어 나아갈 길을 안내받을 수 있다.

존 폭스, 《시 치료》, 아시아

이번에는 라이너 마리아 릴케가 쓴 〈가을〉이라는 시를 살펴보자. 혼란스럽고 어려운 환경에서도 힘을 얻을 수 있는 방법과 시인의 영적 뿌리를 엿볼 수 있다.

### 가을

라이너 마리아 릴케

나뭇잎이 떨어진다. 저 멀리 떨어진다.

과수들이 저 높은 곳에서 죽어 가는 것처럼

나뭇잎들이 "아니"라고 몸짓하는 것처럼

잎들이 하나씩 떨어진다.

그리고 오늘 밤 무거운 지구가 떨어진다.

외로움 속에 모든 다른 별들로부터.

우리는 모두 떨어진다. 여기 있는 이 손이 떨어진다.

그리고 다른 손을 바라보라 (중략)

그것은 모두 그 안에 있다.

그리고 한없이 고요하고

떨어지는 모든 것을 붙잡는 손을 가진

누군가가 아직 여기 있다.

수업 시간에 릴케의 시를 읽고 나누었을 때, 어떤 사람들은 '우리는 모두 떨어진다. 여기 이 손이 떨어진다'라는 구절에서 자신들이 그곳에 머물러 있었다는 고백을 하곤 했다. '떨어지는 모든 것을 붙잡는 손'을 알고 있으면서도 자신의 삶에 적용시키지 못했음을 안타까워했다. 그러나 시간이 지나면서 점차 그들은 다시 그 손안에 들어왔고 힘을 얻어가고 있다고 고백했다.

**실전 글쓰기**

1. 나에게 일어났던 슬픈 이야기나 특별한 경험을 써보자. 그 사건이 나에게 어떤 의미가 있다면 그 의미도 적어보자. 표현 방법은 반드시 시가 아니어도 된다.

우리가 피할 수 없는 어떤 상황에 처했을 때, 나에게 무엇이 필요한지, 진정으로 원하는 것이 무엇인지를 알고 표현하는 일은 중요하다. 스스로가 자신이 원하는 바를 주의 깊게 듣고 위로와 지지를 해야 할 때가 있기 때문이다. 자신의 목소리를 경청하고 또 공감하고 위로해줄 수 있는 사람이야말로 참으로 건강한 자존감과 치유의 저력을 가진 사람이다.

4장 본문에서 살펴봤던 시들의 '죽어가는 것들을 사랑하고' '붙잡는 누군가의 손이 있다' '그 상처를 자신의 일부로 만들며' 등의 구절들은 시인과 시 속의 화자들이 발견한 진실이자 위로이며, 우리가 나아가야 할 새로운 삶의 방향이기도 하다.

별

윤동주

어두움에 묻힌 벌판
끊겨진 다리 목에 서있다.
슬픔이 젖어 든다.
슬픔에 흠뻑 젖어
쳐다보는

하늘 끝 아득한 곳에

빼앗긴 별들의

고뇌가 명멸한다.


그것은 빼앗긴 옛이야기

손길이 잘 닿았던

우리들의 하늘에서

눈부신 빛으로

온갖 것을 밝혀주던 성좌


이제는 떠나간 자기들의

별자리 비어있는 공간을

빛으로 달려와 채워준다.

닫혀있는

마음의 창가를 찾아와

동화처럼 반짝인다.


머나먼 거리

만날 수 없는 거리에

살면서도

그래도 마음 즐거움은

서로가 서로를 바라볼 수 있어

언제까지나 지울 수 없는 빛으로

오늘을 반짝이는 까닭이다.

    윤동주의 〈별〉은 진솔한 말투로 별을 통해 삶과 이별의 슬픔을 위로로 승화시킨다. '비어있는 공간을 빛으로 달려와 채워'주고 '서로가 서로를 바라볼 수 있어 언제까지나 지울 수 없는 빛'의 단계는 치유의 열매를 만드는 놀라운 과정이 될 수 있다. 나를 사랑하거나 위로하지 못한 채 살아가는 사람들은 대개 타인과 관계를 비롯해 여러 문제를 겪는다. 자신을 비난하고 무시하며 방치하고 살았던 사람들은 그 사실을 알고 인정하면서부터 새로운 눈을 뜨기 시작한다.

    내가 대학교에서 국문학을 공부하던 때 가장 좋아했던 시인이 바로 윤동주이다. 젊고 외로웠던 시절의 고독, 그리고 좌절 속에서 친구들과 윤동주 시인의 시를 읽고 외웠다. 그때 우리는 그의 시 〈십자가〉에 심취했다.

## 십자가

윤동주

쫓아오던 햇빛인데

지금 교회당 꼭대기

십자가에 걸리었습니다.

첨탑이 저렇게도 높은데

어떻게 올라갈 수 있을까요.

종소리도 들려오지 않는데

휘파람이나 불며 서성거리다가,

괴로웠던 사나이

행복했던 예수 그리스도에게처럼

십자가가 허락된다면

모가지를 드리우고

꽃처럼 피어나는 피를

어두워가는 하늘 밑에

조용히 흘리겠습니다.

〈십자가〉에 대한 해설을 한번 살펴보자.

용정 옛집 가까이에 교회당이 있었다. 어린 동주 소년이 일상으로 대할 수 있었던 풍물의 하나였다. 이 땅에 태어난 것 자체가 지식인으로서의 그에겐 십자가의 무게로 느껴졌을 법도 하다.

〈십자가〉는 자기희생의 이념을 나타낸 대표적인 시이다. 사뭇 비장미마저 깃들어있다. (중략) 피 흐르는 십자가 위에 예수는 환상을 통해서도 아름답고, 현실적으로도 구체적 삶의 의미를 드러내준다. 용정에 있는 그의 옛집 큰 대문을 나서면 동쪽 갯바위 위로 떠오른 햇살이, 우거진 가랑 나무 숲 위 교회당 종각의 십자가를 비추는 광경을 그는 결코 잊지 않고 있었다. 그림같이 아름다운 풍경과 어린 시절의 교회생활이 영롱한 추억으로 살아남아 그로 하여금 '꽃처럼 피어나는 피를' 조용히 흘리게끔 부추기고 있었던 것일까. 끝없는 내출혈의 연속 속에 그는 가장 값진 삶의 영광을 노래하려 애썼다.

권일송 편저, 《윤동주 시집: 그의 시와 인생》, 청목문화사 괴롭고 외로웠던 나날 가운데에도 윤동주 시인은 삶의 진수나 참된 의미를 추구했다. 이 시를 비롯해 그가 스물아홉의 젊은 나이로 후쿠오카 옥중에서 소천하기까지 남긴 수십 편의 작품들로 열렬하게 말하고 있는 것들은 바로 삶의 깊은 의미와 소망, 일상의 보람, 생명의 부활이었다.

2. 운동주처럼 나만이 쓸 수 있는 삶의 의미와 진실, 위로와 지지, 새로이 얻게 된 것들은 무엇인가? 자연과 사물을 통해 고백해보자.

시의 치유적 힘

## 05
# 시의 완성은 나눔

'시와 글쓰기 치유반'에서 시는 쓰는 것에 그치는 것이 아니라 나눔으로써 완성된다. 사람들은 자신의 감정을 다른 사람과 공유하면서 용기와 자존감, 우정, 기쁨을 주고받는다. 또한 정서적으로 마비되었던 것들이 점차 회복되어 자신에 대한 인식과 존재감이 확대됨을 느끼게 된다.

한 사람이 자리에서 일어나 자신이 쓴 시와 쓰게 된 동기를 읽어주면, 그 장소에 모인 모든 사람들은 공감하며 진심 어린 위로를 화자에게 전한다. 그러면서 화자는 억압되고 고립된 마음에 위로와 용기를 얻고, 동시에 타인들과의 교류로 '단절에서 소통'을 경험하는 것이다.

이 과정의 바탕에는 이해와 공감과 애정이 있다. 이와 관련한 글들을 살펴보자.

나는 시를 쓰면서 매우 특별한 다른 사람의 인생에 관심을 가질 수 있었고, 내게 다가온 다른 사람의 인생은 나의 인생에 도움이 되었다. 그들의 힘들었던 경험들이나 독특한 생각들을, 용기 있는 행동들을 반추해보는 것으로 내 자신을 시험할 수 있었고 사랑할 수도 있었다.

리사 프리들랜더


당신과 나, 결국 우리는 하나다.

함께 고통을 나누고, 함께 살아가며,

그래서 영원히 서로를 재창조할 것이다.

피에르 테일하드 데 샤댕


우리는 매우 많은 것을 공유하였네

우리들은 매우 많은 것을 통과하였네

나의 기도는 형의 치유에 형과 함께 있고

형의 돌봄에 대한 나의 감사는

해가 갈수록 커져만 가네

아치볼드 하트, 《숨겨진 중독》, 참미디어

고통스런 일을 당했지만 정작 자신의 가슴에 있는 말을 나눌 기회가 없었던 사람들. 그렇게 회피하고 미루다 보면 어느새 몇 년이 지났는데도 시원하게 속마음을 표현해본 적이 없었음을 깨닫게 된다.

수업에 온 사람들은 그런 사실을 고백하며 울먹이기도 한다. 누군가에게 말하고 싶고 나누고 싶었지만, 그러지 못하고 가슴만 움켜쥐고 괴로워했던 그들에게 '시와 글을 통한 나눔'은 놀라운 소통의 창구가 되고 위로가 되어준다.

누군가에게 감정을 표현하고 나면 나를 억압했던 몸과 마음의 긴장이 한순간에 놀랄 정도로 풀리게 된다며 다들 좋아한다. 이와 반대로 억압된 감정과 생각은 몸도 마음을 마비시킨다. 주위로부터 자신의 감정이나 느낌을 수용받지 못할 때, 우리는 이를 숨기게 되고 나중에는 수치스러운 감정까지 느끼게 되어 더욱 몸과 마음이 힘들어지는 악순환이 반복된다.

시 치유 수업의 한 장면을 묘사한 글을 살펴보자.

한 남자가 자신의 시를 읽고 울었다. 다른 사람들도 그와 함께 울었다. 누군가 화장지를 들고 그에게 다가갔지만 조디 센키릭은 사양하는 몸짓을 보였다. 조디는 자신에게 필요한 것이 무엇인지 알고 있었다. 그것은 우는 것이었다. 화장지는 멀리 치워두었다. 30분쯤 지나자 조디는 그가 방금 쓴 시를 읽어도 되는지 물었다.

당신의 눈물을 닦아내지 마세요.
볼을 타고 흘러내리도록 내버려두세요.
얼굴에 자국을 남기도록 내버려두세요.
치유의 눈물이 흐르도록 말이죠.

눈물이 당신의 피부를 씻어내게 내버려두세요.
비단으로 눈물을 닦으세요.
눈물이 당신을 쓰다듬도록
당신의 마음이 당신에게 내보이도록 두세요.

눈물이 땅에 떨어지도록 내버려두세요.
그러면 그곳에서 나무가 자랄 거예요.
당신의 눈물이 심연에서 흘러나오도록 내버려두세요.
그러면 그 눈물은 당신 영혼의 씨앗을 뿌릴 거예요.

존 폭스, 《시 치료》, 아시아

울어야 한다. 진실한 눈물이 가슴속 심연에서 흘러나오도록 울고 또 울어야 한다. 어린 시절부터 표현하지 못하고 억눌러 놓았던 감정과 자신을 방어하며 가짜 감정으로 살았던 시간들만큼 울어야 한다. 위장된 감정들은 분노와 우울과 공격으로 튀어나와 자신과 주위 사람들을 괴롭히는 주범이 되기 때문이다. 이렇듯 표현하고 서로 나누며 공감할 때 놀라운 치유가 일어난다. 글을 쓰고 읽으며 자신이 겪었거나 지금 겪고 있는 아픈 감정들을 드러내는 것은 나를 이해하고 공감하며 인정하고 확인해나가는 작업이다.

감정 표현의 중요성에 대해 존 브래드쇼는 다음처럼 이야기한다. 그는 미국의 가족치료 전문가이자, 상담가이다.

> 모든 감정들은 느껴야 할 필요가 있다. 발버둥 치며 날뛰어야 할 필요가 있고 흐느껴 울거나 엉엉 울어야 할 필요가 있으며, 두려움으로 덜덜 떨 필요도 있다.
> 이 모든 것은 시간이 걸린다. 감정의 회복이란 과정이지 하나의 사건이 아니다. 그러나 거의 즉시 나아지곤 한다. (중략)
> 슬픔을 쏟아내는 애도의 시간이 실제로 얼마나 걸리는지는 사람마다 다르다. 슬픔의 과정이 얼마나 걸릴지 아무도 정확히 말할 수 없다. 다만 당

**신의 방어기제를 어떻게 버려야 할지를 아는 것이 해결의 열쇠이다.** 사실 방어기제에서 계속 벗어나 있을 수는 없다. 당신의 애도 작업을 하기에 안전하지 않은 사람들과 장소들이 존재하기 때문이다. 그러므로 당신은 때때로 안전한 환경이 필요할 것이다.

슬픔의 단계들이나 결과는 좋았다가도 나빠지는 등 기복적인 현상을 보일 수 있다. 아마 상처를 인정했다가도 며칠이 지나면 이를 회피하는 당신을 발견할지도 모르겠다. 그래도 당신은 이런 주기 속에서 계속해서 앞으로 나아가야 한다. 감정의 느낌은 중요한 것이다.

존 브래드쇼, 《상처받은 내면아이 치유》, 학지사

어린 시절 상처받은 아이들은 '느끼지도, 말하지도, 믿지도 못하며' 살아왔다. 말을 주고받고 싶은 욕구를 끊임없이 억제해야 했고 열정이나 호기심을 안으로만 눌러야 했다. **이제라도 어린 시절에 느꼈던 슬픔, 아픔, 수치감, 부끄러움, 억눌렸던 감정을 글로 쓰고 나눠야 한다.** 아직도 기회만 되면 슬프게 울어대는 내면아이와 대화하고 그를 인정해야 한다. 또한 우리의 충족되지 못했던 어린 시절의 욕구들이 지금 어떤 모습으로 표출되는지를 아는 것은 우리의 어려움을 줄이는 데 도움이 된다. **치유는 자신의 모습을 객관적으로 볼 수 있게 만든다.**

물론 감정을 말이나 글로 온전히 표현하기란 쉽지 않다. 그 한계를 포착한 시 〈A.H.H 회고하며〉를 소개한다.

### A. H. H 회고하며

알프레드 테니슨

때때로 나는 내가 느끼는 슬픔을
말로 표현하려는 것이 반쯤은 죄가 된다고 생각한다.
말이란, 자연처럼 내면의 영혼을
반쯤은 드러내고 반쯤은 감추니까.

하지만 편안하지 못한 심장과 머리는
계산된 언어를 사용하며
무디게 하는 마취나 마비시키는 고통처럼
슬픔의 기계를 작동시킨다.
해초처럼 말들로 나를 감싸리라.
추위를 막는 아주 조악한 옷처럼

하지만 말들이 감싸는 저 거대한 슬픔은

윤곽만 제시될 뿐 더 이상은 아니라네.

이 시는 우리가 극심한 슬픔을 겪을 때 말이나 언어로 표현하는 것은 한계가 있음을 인정한다. 그러나 언어로 표현하는 것이 '무디게 하는 마취' 그리고 '마비시키는 고통'일지라도 슬픔은 표현하고 나누어야 한다. 어떤 절망적인 상황이 발생하거나 이와 반대로 기쁜 일이 있을 때에도 사람들은 나누기를 원하며, 그 사실들이 타인에게 수용되기를 원하는 것은 인간의 기본 욕구이기 때문이다.

서로 수용되어 무거운 짐을 벗어버리고 기쁨과 슬픔이 공유되면 우리의 마음뿐 아니라 몸에서도 변화가 일어난다. 심지어 그동안 나를 괴롭혔던 증상들이 없어지기도 한다. 너무나 예민해서 조절되지 않았던 감정이나 생각이 점차 안정을 찾아간다.

이는 과학적으로도 증명이 되었다. 타인과의 교류를 통해 아픔과 기쁨을 전달하고 서로 공감하며, 나의 이야기가 수용된다는 만족감을 느낄 때, 그 사람의 뇌(전두엽이나 편도) 활동은 달라진다. 뇌에서 신경전달물질이 원활하게 분비되어 평안함과 안정감을 느낄 수 있다. 즉 만족이나 기쁨으로 충만한 관계가 형성될 때 인간은 진정한 치유를 경험하며 성장하게 된다는 의미이다.

또한 시나 글을 쓴 후 소리 내어 읽는 행위는 우리 마음과 생각, 영혼의 깊은 곳에 조화를 가져다준다. 이는 언어 지능을 담당하는 좌뇌와 감정을 담당하는 우뇌의 작용이다. 그리고 시와 글 속에 담긴 자신의 갈망을 소리 내어 읽음으로써 통합적이고 회복적인 경험이 일어난다. 뿐만 아니라 마음속 이야기를 소리로 누군가에게 전하면 그의 위로와 지지를 얻게 되는 이점이 있다. 이처럼 단순히 입으로 소리를 낸다고 생각했던 시(글) 읽기는 우리의 경험을 한 차원 높여주는 역할을 한다.

마지막으로 속내를 표현하는 것이 얼마나 중요한지를 보여주는 에피소드를 소개한다.

한 여성 청취자가 돌아가신 아버지에게 '사랑해요'라는 말을 못했던 일로 매우 가슴 아파하고 있었다. 그러다가 그녀는 Lawrence Craig Green이란 시인의 시를 발견하게 되었다.

사람들은 사랑해, 라는 말을 잘하지 않지
한다고 해도 너무 늦게 하거나
사랑이 떠나버리네

그래서 내가 당신에게 사랑해, 라고 말할 때,

그건 당신이 결코 떠나가지 않으리라고

믿는다는 뜻이 아니야.

단지 당신이 내 곁을 떠날 필요가 없기를 바랄 뿐.

이 시는 그녀에게 여러 효과를 불러일으켰다. 이 시는 그녀의 무드와 후회를 잘 표현하고 있다. 사랑은 때로 말로 표현해야 함을 인정해주고 그녀가 가슴 아파한 것이 공연한 일은 아님을 보여주었다.

Nicolas Mazza, 《시 치료 이론과 실제》, 학지사

## 실전 글쓰기

다음 글을 읽고 학창 시절이나 어릴 때로 돌아가 어린 나에게 들려주고 싶은 글을 써 보자. 밑줄 친 문구를 활용해 글을 완성해도 좋다.
여럿이 함께할 수 있다면, 작성한 글을 번갈아 읽고 이야기를 경청하자. 그런 뒤 각자의 생각을 말하고, 서로 안아주거나 격려의 말을 나누자.

- 작은 공주(왕자)야, 나는 네가 자라는 모습을 지켜보는 게 기쁘단다. 네가 울타리를 시험해보고, 그 한계를 발견할 수 있도록 <u>내가 너를 위해 여기 있어 줄게.</u>

- 네가 자신에 대해 생각하는 건 당연해. 네 느낌에 대해서 생각해보는 것은 당연한 일이야. <u>나는 활기찬 네 모습을 보는 것이 좋아.</u>

- 혼동되는 게 있으면 언제든지 물어봐도 돼. 부모의 결혼생활에 대해서 너는 아무 책임이 없어. 아버지를 네가 책임지지 않아도 돼. 어머니를 네가 책임지지 않아도 돼. 가족 문제에 대해서 네가 책임질 필요가 없어. 부모님의 이혼에 대해서 네가 책임지지 않아도 돼. <u>너 자신 그대로 사는 것은 좋은 일이야.</u>

- 나는 네가 성(性)에 대한 호기심을 갖는 것이 좋아. 네가 남자아이와 여자아이가 어떻게 다른지 알고자 하는 것은 당연한 거야. <u>내가 네 자신이 누구인지 알 수 있도록 도와줄게.</u>

- 나는 있는 그대로의 모습을 사랑한단다. 나의 작은 공주(왕자)야, 네가 다른 사람과 달라도 괜찮아. <u>자신의 관점을 갖는 것은 좋은 일이야.</u>

- 꿈이 현실이 될까봐 두려워하지 말고 상상해. 내가 너에게 환상과 현실을 구분하는 법을 가르쳐줄게. <u>나는 네가 여자(남자)아이라서 기뻐.</u>

- 네가 커서도 우는 건 괜찮아. 너의 행동의 결과에 대해서 아는 것은 좋은 일이야. <u>네가 원하는 것을 요구하렴.</u>

Part **2**

# 시를 쓰는 법

## 06
## 나만의 공간 정하기

**시를 읽고 쓰는 삶을 살려면** 시 속에 파묻힐 수 있는 나만의 공간이 필요하다. 어린 시절의 다락방, 산속의 어느 외딴집, 자신이 좋아했던 추억의 카페, 문득 지나쳤던 한적한 호수, 일몰을 지켜보았던 바닷가, 꼭 다시 가보고 싶었던 어린 시절의 집, 동네 도서관이나 집 서재 등 시를 쓸 수 있다면 그 어떤 곳도 좋다.

그곳에 가면

오경숙

그곳에 가면

당신이 있습니다.

동네 길 모퉁이 돌아

시냇물 흐르는 동산에 서서

당신은 노래를 부르며

나를 기다리고 있었습니다.


날 향한 아름다운 노래

날 사랑한다는 고백의 노래

아름다운 햇살에 부서져 눈부신 노래


아아, 그곳에 가면

나의 아프고 상처 난 가슴이

기쁨과 환희로 메워지는

아름다운 소생이 있었습니다.


그곳에 가면

사랑의 노래와

아름다운 고백과

나를 위해

모든 것을 내어주는

당신의 은혜가

생수처럼 흐르고 있었습니다.

내가 쓴 시 〈그곳에 가면〉에 나오는 '그곳'은 상상의 동산이며 노래와 고백이 있는 아름다운 회복의 장소를 상징한다. 아름다운 고백과 주님의 희생을 은혜로이 느낄 수 있는 곳, 내가 깊은 우울감 속에서 외롭고 고통스러울 때마다 안전지대로 떠올리는 곳, 새 노래가 있고 사랑을 느낄 수 있는 곳은 '내 영혼을 소생시키심'을 느낄 수 있는 장소이다.

이러한 곳은 다양한 모습으로 존재한다. 김소월 시인의 대표작 〈엄마야 누나야〉를 살펴보자.

### 엄마야 누나야

김소월

엄마야 누나야
강변 살자.
뜰에는 반짝이는 금모래 빛
뒷문 밖에는 갈잎의 노래
엄마야 누나야 강변 살자.

누구에게나 삶이 고달프고 괴롭다고 느껴질 때 당장이라도 달려가서 쉬고 싶은 장소나 공간이 있다. 시 〈엄마야 누나야〉에서 어린 시절 엄마와 누나가 있었던 그곳은 내가 가장 사랑하고 그리워하는 사람들과 돌아가고 싶은 동심의 세계이다.

꼭 다시 가보고 싶고 머물고 싶은 곳이 있는가? 혹시 아직 없다면 지금 만들어보길 바란다.

우리에게는 괴롭고 슬픈 기억들도 있지만 유독 특별하게 평온함과 편안함을 주었던 기억들도 있다. 바로 그 기억이 안전지대이다. 안전지대를 찾아가는 것은 '자가 치유'를 할 수 있는 자기조절(Self-regulation) 기법* 중 하나다. 우리의 마음이 고달프고 어려울 때, 고통스러울 때 언제든지 피신할 수 있는 상상의 장소나 추억이 있는 그곳으로 가보자.

번안곡으로 유명한 〈메기의 추억〉에도 추억의 장소가 등장한다. 캐나다 시인이자 철학자인 조지 존슨이 가사를 붙였는데, 아내 메기가 결혼 직후부터 폐결핵으로 앓자 그녀를 위로하기 위해 이 같은 노래를 만들었다.

---

* 자신이 바라는 목표를 이루기 위해 의식적·무의식적으로 노력하여 자신의 행동을 수정하거나 외부를 변화시키는 것.

## 메기의 추억

조지 존슨 작사

옛날에 금잔디 동산에

메기 같이 앉아서 놀던 곳

물레방아소리 들린다.

메기야 내 희미한 옛 생각

동산수풀은 우거지고

장미화만 피어 만발하였다.

물레방아 소리 그쳤다.

메기 내 사랑하는 메기야

옛날에 금잔디 동산에

메기 같이 앉아서 놀던 곳

물레방아 소리 들린다.

메기야 희미한 옛 생각

지금 우리는 늙어지고

메기 머리는 백발이 다 되었네.

옛날의 노래를 부르자.

메기 내 사랑하는 메기야

우리에게 익숙한 이 노랫말은 어떠한가. 한 소절만 불러도 추억의 동산으로 달려가고 있는 자신을 느낄 수 있지 않은가. 당신만이 갈 수 있는 안전지대 혹은 꼭 가고 싶은 그곳을 지금 찾아가보자. 그 누구의 방해도 없이 편안하게 쉴 수 있고 이야기하며 노래할 수 있는……. 할머니가 계신 옛집. 친구들과 마냥 웃고 즐겼던 시냇가도 좋다. 아름다운 추억의 장소로 떠나보자.

## 실전글쓰기

1. 나의 안전지대인 '그곳'에 대해 쓰고 가까운 사람들과 나누자.

프랑스의 시인 프랑시스 잠(Francis Jammes)의 시를 보면, 그림이나 사진처럼 머릿속에 장면들이 떠오른다.

### 지상의 일은 위대하다

프랑시스 잠

위대한 것은 지상의 일이다.
우유를 짜서 나무 병에 담는 것,
뾰족하게 살을 찌르는 밀밭에서 이삭을 거두는 것,
신선한 오리나무 밑에서 암소를 지키는 것,
숲에서 자작나무를 베는 것,
빠르게 흘러가는 냇가에서 버들가지를 엮는 것,
검은 벽난로, 옴 오른 늙은 고양이,
잠든 티티새, 뛰어 노는 아이들 옆에서
오래된 구두를 고치는 것,
한밤 중 귀뚜라미가 시끄럽게 울 때
소리 나는 베틀에서 천천히 옷감을 짜는 것,
빵을 굽고 포도주를 익히는 것,
뜰에 양배추와 마늘 씨앗을 뿌리는 것,
그리고 온기가 남아있는 달걀들을 거두어들이는 것.

시 〈지상의 일은 위대하다〉는 시각 · 청각 · 미각 등의 감각들을 총동원하여 우리를 아름답고 아기자기하게 펼쳐진 풍경 속으로 이끈다. 너무도 포근하고 친숙하여 그리운 감정마저 든다.

수업 시간에 사람들과 '자신이 가고 싶은 안전지대는 어디인가?'에 대해 이야기를 나누다 공통점을 발견하게 되었다. 풀들이 서로 손을 잡고 새들이 가볍게 날아다니는 들판, 시냇물 흐르고 햇빛 부서져 내리는 한적한 시골 마을, 하늘에는 무수한 별들이 쏟아지는 바닷가 등, 대부분의 안전지대는 자연이거나 어린 시절이라는 점이다.

특히 스트레스를 받거나 과거에서부터 나를 괴롭혀온 끔찍한 기억이 떠오를 적마다, 심호흡을 한 후 미리 발굴해둔 안전지대에 반복해 들어가는 활동은 우리 뇌에도 상당히 유익한 영향을 미친다.

이때 '순간 포착기법'을 활용하자. 순간 포착기법이란, 마치 사진을 찍을 때 찰나를 찰칵 포착하는 것처럼 내 머릿속에 떠오르는 상상이나 기억을 그림으로 묘사해보는 것이다. 우리도 그렇게 찍은 그림을 글로 묘사해보자.

2. 지금 머릿속에서 찍은 한 장의 풍경 사진을 글로 표현해보자.

**07**

## 상상 친구를
## 만들라


이런 친구 보셨나요

오경숙


내 궁핍함과 가난함을

다 채워주진 못해도

내 옆에 앉아 늘

나의 등을 쓰다듬어주는 사람


사랑과 감사가 많지 않아도

흐르는 강물처럼 고요히

감싸주며 나를

이해해주는 사람

나의 생각, 욕망을

마음껏 드러내도

나의 굶주림과 열등함을 알면서도

묵묵히 가슴의 소리를

들어주려 애쓰는 사람


아픔과 고통과 슬픔이 있을지라도

그것을 나누며 같이 울고

눈물을 닦는 사람


헤어짐과 영원한 침묵이 올 때에도

변함없이 포근한 얼굴로

꿈 있는 내일을 말하는 사람

당신은 나의 가장 귀한 친구입니다.


  치유를 위한 글을 쓸 때, 나와 함께 대화할 수 있는 동료나 글을 나눌 수 있는 친구가 반드시 필요하다. 내가 쓴 시 〈이런 친구 보셨나요〉의 구절처럼 '묵묵히 가슴의 소리를 들어주는 사람' '내 옆에 앉아 고요히 흐르는 강물처럼 나를 이해하며 감싸줄 수 있는 친구'가 있어야 한다. 이때 실제 현실에 존재하는 친구는 물론, 나의 단점을 알면서도 나를 온전히 이해하는 상상 속의 친구라면 더할 나위 없이 좋다.

인간은 '상상력'이라는 놀라운 내면의 자원을 갖고 있다. 상상력을 활용해 무수히 많은 일들을 할 수 있다. 시나 글쓰기에서도 마찬가지다. 다음의 언급처럼 시 치료 분야에서 상상력은 큰 역할을 한다.

> 시인은 직관과 상상력으로 시를 창작하기 때문에 시적 상상력을 중심으로 심리적 치료의 측면을 검토해볼 수 있다. 'imagination'은 라틴어 'imaginatio'에서 온 것으로, 과거에 보고 듣고 겪었던 어떤 사물이나 현상에 관하여 마음속으로 생각해내는 일, 즉 다시 그려보는 것을 말하고, 상상력이란 상상을 할 수 있도록 하는 정신적인 내면의 힘을 말한다.
> 사람은 누구나 상상하는 능력이 있어서 지난날의 희로애락을 떠올린다든지 미래에 대한 꿈을 꾸게 되는데 모두가 상상 활동의 일환이다.
>
> 권성훈, 《시치료의 이론과 실제》, 시그마프레스

**시 속에서 만나는 상상의 친구는 우리 생각보다 훨씬 더 탁월한 일을 할 수가 있다.** 우리 모두에게는 말할 수 있는 친구, 다정한 벗이 필요한데, 특히 시를 쓸 때 시적 영감을 자신의 친구로 삼는다는 것은 아주 유익한 발상이다.

나를 이해하고 존중하며 사랑해준다면 누구라도 시적 친구가 될 수 있다. 어린 시절의 친구, 떠나간 연인, 오랫동안 같이 지냈던 개, 무엇이든 말할 수 있는 위대한 존재, 내 안에 계시는 성령도 좋다. 심지어 내가 좋아하는 상징물도 친구의 범주에 포함된다. 인형, 꽃, 피아노, 그림, 액세서리……. 이것들도 나와 같이 울고 웃으며 친밀감을 나눌 수 있는 친구이다. 그 예가 되는 시를 한번 살펴보자.

당신 같은 친구가 있기에

작자 미상

내가 축복받은 사람이라고

느끼게 하는

수많은 것이 있습니다.

나의 인생엔 행복한 날도

우울한 날도 있으나

내게 허락된 축복 가운데

최고의 기쁨은 바로

당신 같은 친구가 있다는 것이죠.


삶이 힘겨운 친구들은

이렇게 말할 것입니다.

"그저 부탁만 해.

내가 함께 헤쳐가게 도와줄 테니."

당신은 내가 부탁할 때까지

기다리지도 않고

묵묵히 알아서 문제를 해결해줍니다.


인생을 돌아볼 때

무엇보다 내가 가장 잘한 일이라

장담하는 한 가지.

바로 당신이란 친구를 알게 되고

친구가 되고

사랑한 일입니다.

이렇듯 언제 어디에서든 만날 수 있는 상상의 친구는 쉽게 만날 수 있고 서로에게 기쁨이 되면서도 나를 지지하고 공감해주는 사람이다. 다양한 친구의 모습들이 있겠지만 그중에서도 누구라도 만나고 싶을 바람직한 상상의 친구는 어떤 모습일까? 친구에 관한 감동적인 시 〈당신을 만나기 전에는〉을 소개한다. 함께 감상해보자.

### 당신을 만나기 전에는

파올라

당신을 만나는 것이

그렇게도 큰 기쁨일 줄은

정말 몰랐습니다.

거리낌 없는 대화

부담 없는 도움

그리고 완전한 믿음을

경험하게 될 줄은

정말 몰랐습니다.

나를 바치고

더 많은 것을

받게 될 줄은

정말 몰랐습니다.


사랑한다고 말하게 될 줄은

당신에게 그 말을 하게 될 줄은

그 말이 그토록 깊은 줄은

정말 몰랐습니다.



성경에서 다윗은 자신을 늘 지켜주시고 인도하시며 동행하시는 하나님을 마치 친구처럼 가깝게 느낀다. 다윗이 가는 곳이라면 어디든 계시며 그를 인도하시고 강하게 붙들어주심을 읊조린다. 따라서 다윗에게는 시적 친구가 바로 하나님이다.


여호와여 주께서 나를 살펴보셨으므로

나를 아시나이다.

주께서 내가 앉고 일어서심을 아시고

멀리서도 나의 생각을 밝히 아시오며

나의 모든 길과 눕는 것을 살펴보셨으므로

나의 모든 행위를 익히 아시오니

여호와여 내 혀의 말을 알지 못하시는 것이

하나도 없으시니이다.

주께서 나의 앞뒤를 둘러싸시고

내게 안수하셨나이다.

이 지식이 내게 너무 기이합니다.

높아서 내가 능히 미치지 못하나이다.

내가 주의 신을 떠나 어디로 가며

주의 앞에서 어디로 피하리이까

내가 하늘에 올라 갈지라도 거기 계시며

음부에 내 자리를 펼지라도 거기 계시나이다.

내가 새벽 날개를 치며

바다 끝에 가서 거할지라도

곧 거기서도 주의 손이 나를 인도하시며

주의 오른손이 나를 붙드시리이다.

〈시편〉 139편 1~10절(개역개정)

### 실전 글쓰기

친한 친구에게 고백하는 글을 써보자. 그(녀)에게는 비밀 없이 다 보여주어도 된다. 나의 추함과 약함, 자랑스러운 면까지도 말이다. 내 안에 친구가 있는 것처럼 그와 대화를 나누는 일은, 자신을 대면하거나 성찰하는 데 많은 도움이 된다.

- 내가 가고 싶은 곳, 특히 시를 쓰거나 누군가에게 고백하고 싶을 때 떠오르는 장소는 어디인가?

 

- 그 이유는 무엇인가?

 

- 만일 내가 시를 써서 꼭 보내고 싶은 사람이 있다면 누구인가? (대상이 나 자신이어도 좋다.)

- 그 시의 주제는 무엇이며 어떤 내용을 쓰고 싶은가?

- 주제를 정했다면 글을 써보자. 시가 어렵다면 편지는 어떤가? 일기, 에세이 등 형식은 자유롭게 선택하자.

## 08

# 진짜 나,
# 진짜 속마음

**그룹을 통해 서로의 고통을 나눌 때마다** 참으로 의아하면서도 감사한 일이 일어난다. 어떤 한 사람이 자신의 고통과 아픔을 진솔하게 토로하기 시작하면 그다음엔 다들 친구가 되어 서로의 이야기를 경청하고 호응해준다. 그룹원 모두가 한마음이 되어 같이 울고 위로한다. 나는 시와 글쓰기 치유반을 인도하면서 누가 시키지 않아도 반영과 공감이 저절로 일어나는 장면들을 무수히 보아왔다.

치유를 위해서는 가장 먼저 '아픔, 외로움, 절망감이나 슬픈 마음을 스스로 인정하고 표현하기'에 도전해야 한다. 아직 나를 온전히 나눌 수 있는 지지 그룹이나 특정 대상을 만나지 못했다 하더라도 자신의 고통과 아픔을 편지 쓰듯이 기록해보자. 지금의 감정이나 생각을 정제하지 않고 모조리 쓰는 것도 한 방법이다.

일단 외로움, 원망의 생각, 분노의 감정, 절망감, 무너져버린 꿈, 미움과 상처, 용서하고 싶지 않는 마음까지도 다 적는다. 그리고 여러 번 그 감정을 느끼며 읽어보라. 우리 주님이 옆에 계신다고 생각해도 좋고, 비록 지금은 볼 수 없지만 나를 이해해주었던 과거의 누군가가 옆에 있다고 가정해도 좋다.

이렇게까지만 해도 감정의 흐름이 달라짐을 느낄 수 있다. 어딘가 모르게 답답했거나 막연하게 짓눌렸던 감정은 줄어들고 시원함과 평안함으로 마음이 채워진다. 전에는 없었던 생기까지 느껴지는 경우도 있다.

언젠가 나는 시 치료 그룹의 여러 사람들 앞에서 30대에 겪었던 외로움과 고통을 말하고 다음 시를 소개했다.

**고통1**

오경숙

나 혼자만이 겪는

고통과 아픔이라고

부르짖고 또 부르짖으며


작은 바람만 불어도

온몸이 아파오고

가슴에는 울어대는 더 큰 비바람


더는 견딜 수 없다고

온몸을 떨며, 캄캄한

동굴의 심연까지 빠져들어


문득 쓰러져 정신 줄까지

놓아버렸던 그날

고통스런 당신의 십자가를 보았다.

그 십자가 밑에는

욕망과 더한 허영의 옷들이

넘실거리며 내 몸을 휘감고


꼭 쥐였던 손을 놓아버리는 순간

아픔과 고통은 멀리 가고

자유와 지혜가 일렁이고 있었다.

이 시는 두 가지 메시지를 전달하고 있다. 첫 번째는 너무나 힘들어서 무너져버린 그날, 주님의 고통스런 사랑의 십자가를 대면하게 되었다는 것이다. 두 번째는 손에 쥘 수도 없는 욕망들을 내려놓자 아픔과 고통이 다른 의미의 성숙으로 연결되었다는 것이다. '가슴에 더 큰 비바람'과 '캄캄한 동굴의 심연'은 내가 겪었던 젊은 시절의 고통과 먼 이국땅에서 겪었던 외로움까지를 포괄하는 상징이다. 그런데 그렇게 고통스러웠던 것들이 사실은 나의 욕망이자 허영이라는 것을 깨닫고 그것들을 과감히 놓아버리는 결심을 하자, 고통을 이긴 승리감과 성장할 수 있는 힘이 주어졌다.

이처럼 시를 통해 우리는 고통과 슬픔이 있는 일상에서 탈출할 수 있다. 뿐만 아니라 새로운 경험과 의미를 찾을 수 있고 그것들을 다른 사람들과 진솔하게 나눌 수 있다.

미국의 뛰어난 장거리 주자였던 노엘 베이틀러는 마흔에 무릎과 엉덩이에 관절염이 생기고 척추에 심한 염증과 통증이 나타나 운동선수로서 능력을 상실하게 되었다. 그녀는 고통과 상실감 속에서 슬픔을 시와 글로 표현하며 자신을 회복시키는 방법을 깨닫게 되었다. 그녀는 그때의 기억을 다음과 같이 털어놓았다.

나는 의자에 앉아 울고 또 우는 나를 발견하였다. 무척 슬펐지만 이 슬픔을 풀어놓을 곳이 없었다. 내 몸은 자신을 잊고 다른 일에 빠져들 장소를 찾고 있었다. (중략)

나는 글을 쓸 때 삶과 연결된다는 것을 발견하였다. 이런 연결은 감수성과 강력한 집중력을 통해 일어난다. 그것은 달리기의 자유로움과 같았다. 글을 쓸 때는 모든 시간 감각을 잃고 내가 달리던 때와 마찬가지로 무한히 다채로운 곳을 다니게 된다.

시는 내가 발견한 최고의 보호자였다. 시는 나를 올바른 방향으로 이끈다. 나는 시와 함께하며 길을 잃은 적이 없다.

시는 십 대인 아들 제이크를 바라보고 사랑하는 법, 남편을 사랑하는 법과 그의 됨됨이에 감사하는 법을 가르친다. 시는 고통과 가족에 대한 사랑이 공존하는 법을 가르친다. 사랑과 고통을 동시에 지니는 방법을.


노엘 베이틀러가 쓴 시를 감상해보자. 그녀는 시에서 자신이 얻은 새로운 일상을 묘사했는데, 삶이 비록 괴롭게 하더라도 그런 삶과 협력하며 기쁨의 관계를 맺는 방법을 시구마다 새겨두었다.

## 들어보세요

노엘 베이틀러

새로운 풀들이

먼지 더미 위에 서있어요.

대지에 봄을 약속하며

들어보세요, 들릴 거예요.

모든 것이 무엇인가 약속하는 소리를.

행성은 태양에 충실하고

달은 조수에 충직해요.

들어보세요. 그러면 고요한 밤

자신의 숨소리가 들릴 거예요.

수줍지만

삶의 약속을 하지요.

잘 들어보세요. 그러면 삶은

당신에게 자신을 약속할 거예요.

열망하는 신부처럼.

말할 수 없는 고통과 슬픔과 아픔을 당했을 때, 자신의 내면 깊은 곳에서 울리는 소리에 귀 기울이는 것은 다른 무엇보다 중요하다. 살면서 듣고 싶지 않아도 들리는 아픔, 고통, 비난, 원망, 상실, 허탈과 부조리를 어떻게 견디며 헤쳐 나갈 것인가?

먼저 그런 상황에 놓였을 때의 감정을 그대로 글로 표현하면서 내 마음을 탐색해보자. 감정과 생각, 기대와 열망이 무엇인지를 살핀다. 기대가 구체적으로 내가 원하는 것을 의미한다면 열망은 채워야 할 욕구를 말한다. 내 안에 숨겨진 기대와 열망을 발견했는가? 그렇다면 참다운 나의 존재, 그동안 내가 알고 있던 나와 다른 나를 느끼는 경험을 하게 될 것이다. 탐색의 과정 동안 자신을 바라보는 객관적인 눈이 생겼기 때문이다.

모든 탐색을 끝마쳤다면 이제 주위의 다른 것들에도 눈을 돌려보자. 베이틀러가 앞에서 언급했듯 글을 쓰면서 '감수성과 강력한 집중력을 가지고' '자유로움을 느끼며' 해방감과 다른 영역으로 향하는 자신을 발견할 수 있을 것이다.

베이틀러가 쓴 또 다른 글을 읽어보자. 그녀는 종이 위에 글을 쓰면서 고뇌로부터 자유로워졌다고 고백했다. 큰 고통과 좌절 가운데에서 자신만의 목소리를 찾고 또 다른 의미의 삶을 살고 싶은 열망을 갖게 된 것이다.

나는 외로워요!

지금 나는 아무것도 하지 않아요.

그러나 울부짖는 아이가 있어요.

우는 아이를 침대로 데려가

조용해지거나 잠들기를 기다려요.

고뇌에 차 망연히 잠들게 되더라도

또한 그것이 이유라 할지라도


고뇌

그것은 너무도

좋지 못한 일입니다.

작은 일이라도 깨뜨리죠.



외로움이 클수록 인정받고 싶고 위로받고 싶은 욕구가 크다. 그런데 시나 글을 씀으로써 그런 욕구를 채울 수 있다. 내가 나를 인정해주고 지지할 수 있기 때문이다. 또한 자신이 가진 '고뇌'를 수용하고 다른 의미의 삶을 알게 된 나를 인정하고 공감해줄 수도 있다. 고통과 어려움을 겪고 있는 사람들 대부분은 자신을 비하하고 멸시하며 심지어는 수치스럽게까지 생각하므로, 내가 자신을 인정해주고 공감과 지지를 보내는 것이야말로 치유와 회복의 지름길이다.

　어린 시절의 괴롭고 외로웠던 삶의 모습들을 솔직히 표현한 시 〈자화상〉을 읽어보자. 한국의 위대한 시인 서정주의 작품이다.


### 자화상

서정주


애비는 종이었다. 밤이 깊어도 오지 않았다.
파뿌리 같이 늙은 할머니와 대추 꽃이 한 주 서있을 뿐이었다.
어매는 달을 두고 풋살구가 꼭 하나만 먹고 싶다 하였으나……
흙으로 바람벽 한 호롱불 밑에
손톱이 깜한 에미의 아들
갑오년이라든가 바다에 나가서는 돌아오지 않는다 하는 외할아버지의
숱 많은 머리털과
그 커다란 눈이 나를 닮았다 한다.

스물세 해 동안 나를 키운 건 팔할이 바람이다.

세상이 가도 가도 부끄럽기만 하드라.

어떤 이는 내 눈에서 죄인을 읽고 가고

어떤 이는 내 입에서 천치를 읽고 가나

나는 아무것도 뉘우치진 않을란다.


찬란히 티워 오는 어느 아침에도

이마 우에 얹힌 시의 이슬에는

몇 방울의 피가 언제나 섞여 있어

볕이거나 그늘이거나 혓바닥 늘어트린

병든 숫개마냥 헐떡어리며 나는 왔다.

서정주,《미당 서정주 전집1: 시》, 은행나무

시 〈자화상〉에서 화자는 어린 시절을 솔직하게 그렸다. 한 사람의 생애가 지닌 근원적인 고통과 아픔, 가난, 방황의 모습, 그리고 이로부터 나오는 생명의 결의와 강인성이 동시에 드러나 있다.

두 번째 연을 좀 더 자세히 살펴보자. 스물세 해 시인의 생애를 지배한 것은 대부분이 바람, 즉 끊임없는 방황과 세파, 흙먼지와 추위 같은 것들이었다. 주위 사람들은 그를 비웃기도 하고 그의 고통을 어떤 죄의

값이라 부르거나 그를 천치라고도 했다.

그러나 그는 당당하게 말한다. '나는 아무것도 뉘우치진 않을란다'. 자신의 초라한 모습과 고통, 아픔까지 받아들이고자 했다. 오히려 어려운 삶의 시련이나 고통은 그를 다시 일어서게 하는 동력이 되었다. 시 안에서 그 힘은 '찬란히 티워 오는 어느 아침에도 이마 우에 얹힌 시'로 대변된다. 비록 '몇 방울의 피'가 고통으로 들어있지만.

특히 '병든 숫개마냥 헐떡어리며 나는 왔다'라는 구절이 보여주는 강렬한 삶의 욕구는 대단히 필연적이다. 앞부분의 개인적인 어려움과 고통보다 오히려 삶의 대한 강인성과 결의를 더욱 강조함으로써 필연성이 도드라진다.

내담자 가운데 '리'라는 40대 후반의 여인이 있었다. 알코올중독자 남편과 사는 그녀는 늘 실의에 빠져있었고 자신이 놓인 처지에 괴로워했다. 특히 남편의 욕설과 비난이 견딜 수 없었던 그녀는 자신의 삶을 포기하고 싶은 충동에 시달리다가 나에게 상담을 요청해왔다.

그때부터 그녀는 내 제안에 따라, 부치지 않는 편지와 자신에게 보내는 답시(答詩)를 쓰기 시작했다. 나와 함께 글을 같이 읽고 더욱 생생한 어휘와 문장으로 바꾸어가는 작업을 하면서 그녀는 힘을 얻기 시작했다. 물론 그녀는 시와 편지를 읽으면서 많이 울고 슬퍼하는 과정을 여러 번 거쳤다.

특히 그녀가 좋아했던 시 중 하나는 김수영 시인의 〈풀〉이다. 시와 함께 해설을 소개한다.


풀

김수영


풀이 눕는다.

비를 몰아오는 동풍에 나부껴

풀은 눕고

드디어 울었다.

날이 흐려서 더 울다가

다시 누웠다.


풀이 눕는다.

바람보다도 더 빨리 눕는다.

바람보다도 더 빨리 울고

바람보다 먼저 일어난다.


날이 흐리고 풀이 눕는다.

발목까지

발밑까지 눕는다.

바람보다 늦게 누워도

바람보다 먼저 일어나도

바람보다 늦게 울어도

바람보다 먼저 웃는다.

날이 흐리고 풀뿌리가 눕는다.

김수영, 《김수영 전집1: 시》, 민음사, 2003




김수영의 시 〈풀〉에 등장하는 풀은 '비를 몰아오는 동풍' 때문에 누워야 하고 울어야 하는 나약한 존재이다. 하지만 '바람보다 더 빨리 눕고' '더 빨리 일어나는', 어떠한 시련도 이겨내는 강인한 생명력을 지닌 존재이기도 하다.

'날이 흐려서' '비를 몰아오는 동풍'이라는 패배와 좌절할 수밖에 없는 아픈 현실 속에서도 화자는 결코 좌절하거나 결박당하지 않고 오히려 적극적인 대응을 통해 현실을 이겨내는 모습을 보여준다. 더 이상 힘없이 당하고 패배하는 풀이 아니라 '바람보다 먼저' 일어나고 눕는, 또한 '발밑까지' 처절하게 누울 수 있는 강인함을 통해 승리와 회복의 계기를 말하고 있는 것이다.

특별한 대안도 없이 수동적으로 끌려가는 삶을 살다 보면 환경이 고통스럽게만 느껴지고 암울함과 낙심에 빠질 때가 있다. 그럴 때에도 자신의 마음과 타협하고 스스로를 이해한다면, 그 고통과 아픔만이 인생의 전부가 아니라는 것을 깨달을 수 있다. 비록 좋아하지는 못해도 받아들일 수 있는 이유를 찾을 수 있다는 것은 놀라운 삶의 지혜이며 신이 우리에게 주신 특권이다.

내담자 '리'는 다음과 같은 고백의 글을 썼다.

〈풀〉의 시처럼 날이 흐리면 더 울다가, 패배하는 삶이 싫어 방황으로 살았다. 바람보다 먼저 일어날 수 있는 법을 아는 것은 참으로 내 삶을 바꾸는 전환점이 되었다.

우리가 다시 한 번 '참 나'를 볼 수 있다면, 다른 시선으로 나를 바라볼 수 있다면, 그 고통 속에서도 주님의 눈으로 나를 볼 수 있다면, 나는 지금보다 확실하게 다른 시를 쓸 수 있으며, 거기에는 의미가 있고 차원이 다른 삶이 기다리고 있다.

나는 나에 대한 시를 쓰면서 나의 소중함을 알게 되었고 삶을 이기는 강인함을 배우게 되었다. 비록 '날이 흐려서' '비를 몰아오는 동풍' 속에서도 이길 수 있는 힘을 얻게 되었다.

다음의 시 〈내 주님과 내가〉는 뇌성마비로 평생을 고통 중에 살고 있는 송명희 시인이 자신의 고통을 승화시키며 주님의 고난을 오히려 감사하고 찬양하는 시이다. 아픔 속에 있는 많은 이들의 애독 시이기도 하다. 이 시에서 그녀는 자신의 고통과 아픔을 '내 주님 상처에 내 상처 묻으며, 내 주님 아프신 가슴에 내 아픔을 달래리라'고 고백한다. 이 한 줄에 담긴 의미는 참으로 크다. 자신의 큰 아픔과 상처 고통에 다른 의미를 부여하고 있기 때문이다.

### 내 주님과 내가

송명희

내가 아무리 많이 울었다 하여도
내 주님의 우신 눈물에 비하면

나는 울지 아니 하였네

나는 울지 아니 하였네


내가 아무리 고통을 당했어도

내 주님의 고통에 비할 수가 없네

내가 지고 있는 십자가 아무리 무거워도

내 주님이 지신 십자가 생각하면

아무것도 아니네


내 주님 상처에 내 상처 묻으며

내 주님 아프신 가슴에 내 아픔을 달래리라

내 주님 십자가 나도 사랑하고

내 주님 가시관을

나도 쓰리라 나도 쓰리라

내 주님과 내가 죽고

내 주님과 내가 살리라

송명희, 《내 주님과 내가》, 진흥

## 실전 글쓰기

다음 질문들에 솔직한 답을 쓰고 함께 나누어보자.

- 내가 겪었거나 겪고 있는 고통 중에서 누군가와 가장 나누고 싶은 것은 무엇인가?

---
---
---

- 내가 용감하게 토로하고 싶은 감정은 무엇인가? (예: 외로움, 분노, 불안, 미움, 원망 등)

---
---
---
---
---

- 더 이상 피하지 않고 인정하고 싶은 것은 무엇인가?

- 스스로를 인정해주고 칭찬해주고 싶은 것은 나의 어떤 부분인가?

- 앞의 답들을 바탕으로, 쓰고 싶은 내용을 시나 편지로 써보자.

다음의 시는 고통이나 상실감에서 오는 슬픔을 잘 그려냈다. 1917년에 지어진 오래된 작품이지만 슬픔을 가진 이들의 마음을 이해하기에 충분하다.

### 슬픔

에드나 세인트 빈센트 밀레이

멈추지 않는 비와 같은 슬픔

나의 심장을 두드리네.

사람들은 고통 속에 비틀고 소리를 치네.

새벽에도 여전히 다시 계속된다는 걸 알게 되네.

강해지지도 약해지지도 않고

멈추지도 시작하지도 않네.

사람들은 옷을 입고 도시로 간다.

나는 나의 의자 위에 앉는다.

내 모든 생각들은 느리고 지루하다.

일어서거나 앉는 것

어떤 옷을 입거나 어떤 신발을 신는가는

거의 문제가 되지 않는다.

## 09
## 비유 활용하기

시나 글에서 어떤 대상을 비유할 때, 직유는 말 그대로 '-처럼, -같이, -인 양, -듯' 등을 사용하여 직접적으로 시어를 꾸미는 것이고, 은유는 서로 다른 두 가지를 합치는 언어의 연금술적인 접합이다. '내 영혼이 해같이 빛난다'는 직유이지만 '내 영혼은 태양'이라고 하면 은유가 된다. 은유는 때로 강력하고 직접적이지만 미묘하면서도 비범한 연결을 만들어낸다. 이처럼 시에서 비유는 시어가 되는 중심적인 역할을 한다.

노드롭 프라이(Northrop Frye)는 비유가 인간의 마음과 외부 세계를 결합하여 동일화하고 싶어 하는 욕구와 전달의 불완전성을 극복할 수 있다고 했다. 또한 전하고 싶은 의미를 더 효과적으로 표현하고자 하는 욕망에서 비롯되기 때문에 감정 표현의 전의성을 가지며 감정의 해소가 가능해진다고 하였다.

김영철, 《현대시론》, 건국대학교출판부

은유는 특정한 어떤 것과 더 큰 현실 사이를 연결하는 능력과 관계가 있다. 은유는 외부의 경험과 내부의 느낌 사이의 관계를 보여준다. 은유는 머리와 심장을 만족케 하기 위한 것이다. 은유는 심리적, 영적 균형 감각을 가능하게 한다. 우리 삶에서 이미 알고 있는 부분과 알지 못하는 부분 간의 소통을 펼친다. 일상적인 자아와 잠재적 자아의 통합을 촉진한다. 은유는 직관을 통해 이해하기 쉽다. 은유 만들기를 통해 당신이 직관적으로 알고 있는 것을 인식, 개발, 사용, 표현할 수 있다. 그래서 은유는 훌륭한 치유의 힘을 준다

존 폭스, 《시 치료》, 아시아

비유의 두 가지 '직유와 은유'를 잘 설명한 글들을 살펴보았다. 앞에서 언급한 것처럼, 은유를 문자 그대로의 의미보다 나의 직관적인 의미로 사용하면 치유로 연결될 수 있다. 직관적으로 알고 있는 것들이 하나

의 은유와 연결되면서, 우리의 영혼을 치유하는 도구가 되기 때문이다. 더 나아가 은유는 이성적인 생각 너머에 존재하는 진실을 표현하며, 우리의 삶에 더 넓고 깊은 의미를 부여한다.

비유는 시인이 갖고 있는 창작력을 토대로 의미의 변화와 확장 또는 역동적인 의미를 창출하는 효과가 있다. 그럼 비유를 효과적으로 활용한 예들을 살펴보자.

### 더 이상

작자 미상

더 이상 당신의 얼굴을 뵙지 못하며

더 이상 당신을 만나지 못합니다.

아직 가보지 않는 미지의 해변에 도달할 때까지,

우리는 다시 삶으로 돌아가 매일 수고해야 합니다.

영광은 너무나 멀고 당신은 너무 멀리 떨어져 계십니다.

이 땅의 어두운 미래가 우리에게 얼굴을 찌푸리는 동안

모든 것은 극히 고독하게만 보입니다.

작가가 알려지지 않는 시 〈더 이상〉은 여러 가지 비유를 효과적으로 활용해 화자의 감정이나 생각을 잘 드러내고 있다. '당신의 얼굴' '미지의 해변' '당신은 너무 멀리 계십니다'라는 비유들은 시의 전체적인 의미를 잘 드러내고 있다.

미국 인디애나폴리스 병원의 의사, 메리 케이 터너 박사는 〈우물〉이라는 시를 썼다. 그녀는 환자들이 겪고 있는 고통스러운 문제와 치명적인 상처와 죽음을 대면하면서, 자신을 위로하고 자신의 영성에 깊이를 더하고 싶었다. 그녀는 특히 이 시에서 은유를 사용해 자신의 삶을 잘 연결시키고 있다.

#### 우물

메리 케이 터너

나는 우물이다.

황량하고

메마른 시대에도

마르지 않는 오래된 우물

나는 한 번도 완전히

말라본 적이 없다.

당신의 양동이를

줄 것이 많은

내 깊은 곳으로 내려보내라.

비를 내려보내라.

넓은 하늘에서 이 선물을 받기 위해

내 입은 열려있다.

폭풍을 내려보내라.

비바람에 씻긴 회반죽의

틈으로 그러면 돌들이 이동하고

나는 조용히 그대로 서있다.


그녀는 글 쓰는 과정에 대해 이렇게 설명했다.


일이 잘못될 때면 끔찍했다. 내 삶에 대한 이런 식의 접근이 정신적 파탄으로 느껴지기 시작했다. 내가 정말 누구인지 관찰해보고 싶었다. 그런 생각이 나를 치료하고 회복시켰다.

회복하는 일의 대부분은 자신의 창조성과 글쓰기를 소중히 여기는 것이다. 나는 오랫동안 마르지 않는 우물이다. 우물의 이미지와 음성이 내가 나 이상의 것임을 깨닫게 해준다. 나는 내면의 공간과 접촉하고 싶다. 우물로 향하는, 나 자신으로 돌아오는 역할을 하는 글쓰기에는 무언가 있다. (중략)

시 쓰기는 내가 힘들 때 쉴 곳을 준다. 주변의 사람들이 죽거나 무언가 다른 것이 필요하지만 해답이 없을 때, 시는 내 근원을 찾고 새로운 시각을 갖게 한다.

이 우물은 내 안의 공간이지만, 내 환자 안에 있는 공간이라는 생각도 든다. 이 우물은 뭔가 더 영원한 것이 있다고, 인간의 경험을 통해 다시 새로워지는 어떤 것이 우리 안에 있다고 말한다.

이것은 신에 대한 내 느낌이며, 비와 폭풍과 심지어 죽음까지도 이겨낸 우리 모두를 가리키는 부분이기도 하다.

### 실전 글쓰기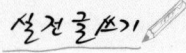

질문들에 대한 답을 적은 뒤에 가까운 동료나 친구와 같이 나누는 시간을 갖자.

1. 직유와 은유를 사용해 나를 표현해보자.

2. 다음 단어를 사용해 내게 영향을 미친 사람을 표현해보자.
   - 바람, 섬, 달, 별, 집, 우물, 태풍, 배, 물고기, 바다, 풍랑, 돌, 풍차

3. 내가 되찾고 싶은 꿈이나 소망을 써보자.

---------------------------------------------------------------
---------------------------------------------------------------
---------------------------------------------------------------
---------------------------------------------------------------

4. 앞에 적었던 내용을 직유나 은유를 사용해 표현해보자.

---------------------------------------------------------------
---------------------------------------------------------------
---------------------------------------------------------------
---------------------------------------------------------------
---------------------------------------------------------------
---------------------------------------------------------------
---------------------------------------------------------------
---------------------------------------------------------------
---------------------------------------------------------------
---------------------------------------------------------------

시를 쓰는 법

# 10
# 상징
# 활용하기

**시에서 비유가** 비교·강조·유추적 관계라면, 상징은 암시적인 관계라고 할 수 있다. 곧 비유가 축소된 은유인 반면에 상징은 확장된 비유이고, 언어적인 분석의 영역을 뛰어넘는다. 곧 상징은 원관념을 드러내는 것이 아니라 보조관념만을 제시함으로써 그 무엇을 암시하는 것이다. 그래서 상징은 보이지 않는 세계, 미경험의 세계, 상상력의 세계에 닻을 내린다. 시에서 상징은 표기된 의미가 연상작용에 의해 어떤 다른 것으로 대치되는 방식을 취한다.

상징이 무기력해진 정서적 반응에 활력을 주고 의미의 확장을 가능하게 하는 것은 자아가 사물을 대하는 직관과 다양한 관련성이 있기 때문이다. 상징과 비유의 은유는 자아와 세계의 상호작용을 일으키며, 예상치 못했

던 사고를 통하여 자신의 정체성을 발견하게 한다. (중략)

이렇게 시 치료 이론의 관점에서 비유와 상징을 사용하는 방법은 시인의 욕구를 드러내고 고통스런 기억을 표출하는데 용기를 주면서 그 효과가 나타난다. 시 창작은 표현하고자 하는 비유와 상징 과정을 거치면서 대상을 타자화하고 문학적 표현 능력을 상승시키는 역할을 하기 때문에 정서적 회복에 직접적으로 도움을 주는 방법이 된다.

권성훈, 《시치료의 이론과 실제》, 시그마프레스


김춘수의 시 〈詩 1〉은 시인이 처해 있는 현실세계를 비유와 상징으로 묘사하고 있다. 시와 해설까지 찬찬히 읽어보자.


### 詩 1

김춘수

동체에서 떨어져 나간 새의 날개가
보이지 않는 어둠을 혼자서 날고
한 사나이의 무거운 발자국이 지구를 밟고 갈 때

허물어진 세계의 안쪽에서 우는

가을벌레를 말하라.

아니

바다의 순결했던 부분을 말하라.

베고니아의 꽃잎에 드는

아침 햇살을 말하라.

아니

그을음과 굴뚝을 말하고

겨울 습기와

한강변의 두더지를 말하라.

동체에서 떨어져 나간 새의 날개가

보이지 않는 어둠을 혼자서 날고

한 사나이의 무거운 발자욱이

지구를 밟고 갈 때

김춘수, 《그는 나에게로 와서 꽃이 되었다》, 시인생각

이 시에서 '새' '가을벌레' '바다' '햇살'로 표현된 현실인식에 대한 비유는 점점 확대되면서 '두더지'로 귀결된다. '어둠'은 부정적인 현실의 상

징이며, '새의 날개'는 올라감의 이미지이다. 시인은 암울하고 전망 없는 어둠 속에서도 좌절하지 않고 '동체에서 떨어져 나간 새의 날개가 보이지 않는 어둠을 혼자서 날고'를 통해 부정적인 현실을 벗어나고 싶은 몸부림을 상징적으로 표현하고 있다. 날개는 시인의 관념세계이며, 시인의 현실세계는 어둠, 불만, 자기소외이지만, 역설적으로 시는 '우는 가을벌레' '바다의 순결했던 부분' '베고니아 꽃잎에 드는 아침햇살'을 말한다. 곧 생명의 원천이고 아름다운 이들을 나타냄으로 치유의 장을 드러내고 있는 것이다.

보이지 않는 미지의 세계나 무경험의 세계지만 상징으로 나타내고 싶은 것이 있으면 담대하게 이를 표현해보자. 다음의 글을 참고해서 말이다.

나는 창조적이다.

나는 언어가 가진 치유의 힘을 높이 산다.

나는 용기와 마음으로 글을 쓴다.

나는 익살과 감수성을 믿는다.

나는 내 감정의 언어를 존중한다.

나는 나의 거칠고 유쾌한 부분에 대해 소리 내어 말한다.

나는 자신에 대해 관대하다.

나는 내 인생에 신비롭고 창조적인 장소를 만든다.

나는 사랑스러운 내 자신에게 친밀하다.

종이 위에 글을 쓰는 것이 편하다.

내 집을 글을 쓸 장소로 만든다.

존 폭스, 《시 치료》, 아시아

존 폭스의 말처럼 '창조적 상상력'을 이용하여 치유의 글을 쓰는 것은 간절한 소망을 가진 사람만이 할 수 있는 특권이며 놀라움이다.

그룹으로 모여 글쓰기를 하고 있다면 이렇게 해보라. 우선 본인이 가고 싶은 곳, 특정한 장소를 정하고 상상해볼 것을 권한다. 각자가 선택한 공간을 떠올리며, 그 속에서 경험한 감각까지 자세하게 묘사하면, 이것이 바로 시의 시작이다.

이처럼 이미지는 감각적 경험에서 나오며 화자가 말하고 싶은 것을 전한다. 주변에 있는 수없이 많은 이미지를 알아채기 시작할 때 우리는 달라진다. 일상생활에도 관심을 두고 집중하기 시작하면 다양한 장소, 사람, 순간을 색다르게 인식하게 된다. 거리와 집, 일터는 소재로 가득하며 심지어 시각과 청각, 촉각, 후각도 특별한 공간이나 사람, 감정, 생각을 나타내는 이미지로 만들 수 있는 소재가 된다.

미국의 현대 시인 로버트 프로스트가 쓴 시의 한 대목을 살펴보자.

입술에 사랑이 맞닿고

참아낼 수 있을 만큼 달콤한

한때 그것은 너무도 황홀해서

나는 날아갈 것 같았다.

그것은 달콤한 것으로부터

나를 엇갈리게 했다.

포도 덩굴에서 숨겨진 듯 나오는

사랑 냄새의 흐름이

어스름 속에 사라지는가?

프로스트처럼 이미지를 포착하여 시를 쓰려면 먼저 이미지를 떠올려야 한다. 어린 시절로 돌아가서 이미지들이 마음에 들어오도록 자연스럽게 비추어보라. 마치 떠오르는 한 장의 스냅 사진처럼 여기며, 그때 느껴지는 감각들까지도 집중하여 살펴보는 것은 시 쓰는 데 도움이 될 것이다.

동요 〈과수원길〉의 가사처럼 어렸을 때 자주 찾아갔던 과수원 길을 떠올려보자. 아카시아 꽃이 하얗게 피어 있고 그 향긋한 냄새는 너무도 좋았었다. 지금 나는 그 하얗고 예쁜 추억의 꽃에 둘러싸여 있고, 그 냄새는 향기롭고 달콤하다…….

이처럼 이미지를 떠올릴 때 어떤 감각을 경험했는가를 집중하여 느껴보자. 시각, 청각, 후각, 미각 등을 흡수하며 떠올린 이미지에 집중한다. 그 이미지를 잡고, 당신의 경험을 단어와 글로 묘사해보자.

### 과수원길

박화목 작사

동구 밖 과수원길

아카시아 꽃이 활짝 폈네.

하이얀 꽃 이파리 눈송이처럼 날리네.

향긋한 꽃 냄새가 실바람 타고 솔솔

둘이선 말이 없네.

얼굴 마주 보며 생긋

아카시아 꽃 하얗게 핀

먼 옛날의 과수원길.

〈과수원길〉은 시각, 청각, 후각, 촉각적 표현으로 이루어진 한 편의 그림이다. 우리도 이처럼 잊을 수 없는 아름다운 그림들을 추억에 창고 속에서 가져다가 써보는 것이다.

그다음은 이미지를 통해 느껴보는 단계이다. 내가 생각하는 이미지들—길을 잃었던 때, 어떤 놀라움, 사람들로부터 받은 상처나 슬픔, 오랜만에 만난 친구와 누리는 기쁨, 헤어짐의 괴로움, 기대감과 열망—을 떠올리고 그것에 대한 감정을 그대로 글로 써보는 것이다.

알렌 긴스버그의 〈웨일스 방문〉을 읽어보자. 떠올린 이미지를 붙잡고 그대로 쓴, 미묘한 멋을 보여주고 있다. 수채화를 그리는 것처럼 풍경들을 잘 그려냈다.


### 웨일스 방문

알렌 긴스버그


안개가 산꼭대기에 오르고 내려갈 때
나무들은 바람의 강물 속에서 움직인다.
구름이 파도치며 올라가고
소용돌이가 아름답게 나무들을 감싼다.

계곡 속에 창살을 단 유리창 사이로

보이는 초록색 바위를 따라서 (후략)

또한 나의 자작시 〈순결〉은 어떠한가? 떠오르는 이미지에 집중한 후 그대로 적어본 것이다.

순결

오경숙

하얀 밤

하늘도 땅도 모두가 하얗게

세상은 모두가 하얀 캔버스

그사이 하이얀 옷자락으로

사뿐히 걸어오시는 당신이여 (후략)

그다음 단계에서는 지금까지 모은 소재(어린 시절의 집, 동네, 친구, 할머니, 초등학교 놀이터, 소풍 등)들로 글을 쓴다. 이미지, 느낌, 소리, 냄새, 감정을 사용하여 써보는 것이다. 이미지에 집중하며 감각과의 접촉을 유지하고 감정을 표현하면 된다.

우리가 느끼는 모든 감각을 사용한 시를 소개한다. 앤 해링턴의 시 〈밀어넣고/ 구겨넣고/ 지겨운〉은 냄새, 색깔, 질감, 온도에 대한 온갖 감정을 나타내고 있다.

### 밀어넣고/ 구겨넣고/ 지겨운

앤 해링턴

한쪽 구석에 쌓인 감정들

감정 위에 감정

밀어넣고

구겨넣고

높이 쌓여

너무 바빠

그냥 빠뜨리고 못 본

며칠 묵은 듯한 — 아니면 몇 년 묵은 듯한

세탁물

너무도 작은 빨래 바구니 안

냄새 나고

얼룩지고

버려진

창피한

잘 정돈된 방의 황폐함

뚜껑이 닫히지 않는다.

나는 그것을 그 안에 쑤셔넣는다.

몇 개는 바닥에 떨어진다.

옆으로 빠져 나온 재색

너덜너덜해진 붉은색

막 타오르는 오렌지색

억제된 흰색

흰색과 색깔 옷을 섞지 마라.

찬물에 세탁해라.

표백제를 첨가하지 마라.

생산자 과실을 표시한 보증

감정, 대부분 내 안에 간직하고 있는 것,

멀리 놓아두어라, 기다려라.

저쪽에, 구석에.

    이미지와 감정을 결합한 시 〈밀어넣고/ 구겨넣고/ 지겨운〉에서 화자는 억압된 자신의 감정을 표출한다. 무엇보다 더러운 빨랫감과 고통스러운 감정을 동일시하고 있음을 알 수 있다. 화자는 짧은 구절을 하나씩 쌓아올려 바구니에 꽉 찬 고통스러운 느낌이라는 이미지를 만들어냈다.
    앤 해링턴은 자신의 시에 대해 이렇게 말했다.

    나는 글에는 표현하지 않은 내 일부분이 거기에 있다는 것을 깨달았다. 나는 별거를 하며 감정을 다루는 방법을 배웠다. 별거 기간은 커다란 슬픔의 시간이었다. 그것은 다른 상실의 기억들도 떠오르게 했다. 나는 내가 느낀 슬픔과 충돌하는 감정의 깊이를 어떻게 표현해야 할지 몰랐다. 또한 내가 다음에는 무엇을 어떻게 느낄지 통제할 수도, 예측할 수도 없음을 알았다. 이성적이고 논리적인 사람에게 그것은 매우 불안한 일이었다.

〈밀어넣고/ 구겨넣고/ 지겨운〉은 특별한 경험이었다. 이 시는 내가 어려운 감정들을 어떻게 억압하고 회피했는지 생각하게 했다. 그 감정들을 인정하고, 그것에 대한 글을 쓰고, 모임에서 큰 소리로 이야기하고, 모임의 멤버들이 그들의 삶에서 이러한 단어들의 진실을 확언하는 것을 들으면서 시가 지닌 치유의 힘을 느꼈다.

시는 내가 좀 더 높은 수준의 이해력과 인식에 접근할 수 있도록 돕는다.

실전글쓰기

**다음 질문들을 따라 생각한 뒤 차근차근 글을 써보자.**

- 자신에게 긍정적이거나 부정적 생각을 불러일으키는 강력한 이미지 하나를 선택하라. (예: 눈물, 슬픔, 고통, 이별, 강, 사랑 등)
- 그 이미지를 시각화하며 느껴보자.
- 어린 시절이나 혹은 젊은 시절, 자기가 돌아가고 싶은 때와 장소를 골라 적어보자. 앞의 질문에 떠올린 것들을 활용해도 좋다.

- 선택한 그 이미지를 묘사하고, 당신의 감정을 드러내는 시나 글을 쓰자.

## 잠잠히 있어*

루우벤 모르간

당신의 날개 아래 나를 숨겨주소서.
당신의 능력의 손으로 나를 덮으소서.

거친 파도와 번개가 나를 괴롭혀도
당신과 함께 폭풍 위로 날아오를 것입니다.

아버지, 당신은 폭풍우를 다스리는 능력자
나는 잠잠히 있어, 당신의 능력을 볼 것입니다.

오직 그분 안에서 내 영혼은 쉬고
믿음과 고요 속에서 그 능력을 압니다.

거친 파도와 번개가 나를 괴롭혀도
당신과 함께 폭풍 위로 날아오를 것입니다.

아버지, 당신은 폭풍우를 다스리는 능력자
난 잠잠히 있어, 당신의 능력을 볼 것입니다.

---

\* 오경숙 번역

이 시는 어떠한가? '거친 파도와 번개가 나를 괴롭혀도' 주님과 함께 폭풍우 위로 올라가는 자신을 노래했다. 그 대목에 집중하며 이미지를 떠올려보자. 고통스럽고 어려운 환경에서도 그것을 넘어 저편으로 날아오르게 하시고 안전한 곳으로 인도하시는 그분을 떠올려보면 우리는 얼마나 평안한가. 순간 '당신과 함께'라는 단어를 머릿속으로 그리며 그분과의 연합을 느껴보라. 동시에 이때 느낄 수 있는 것은 그분의 능력이다. 내가 다스릴 수 없는 환경과 상황이지만, 그분의 능력과 보호하심을 이미지화할 때, 그리고 믿음으로 반응할 때 어느덧 우리의 마음은 감사와 기쁨으로 바뀔 수 있으며 지금까지와는 달리 안전함 속에 있을 수 있다.

Part 3

시로
써야 할
이야기

# 11
## 가족 이야기를 쓰다

### 아버지

이현승 작사

한 걸음 더 다가설 수 없었던

내 마음을 알아주기를 얼마나 바래고 바래왔는지

눈물이 말해준다.

점점 멀어져 가버린 쓸쓸했던 뒷모습에

내 가슴이 다시 아파온다.

서로 사랑을 하고 서로 미워도 했던

누구보다 아껴주던 그대가 보고 싶다.

가까이 있어도 다가서지 못했던 그대

내가 미워했었다.

제발 내 얘길 들어주세요.

시간이 필요해요.


서로 사랑을 하고 서로 미워도 했던

누구보다 아껴주던 그대가 보고 싶다.

가까이 있어도 다가서지 못했던 그대

내가 미워했었다. (후략)


한 방송 프로그램에서 가수 인순이 씨가 이 노래를 불렀을 때, 수많은 관객들이 눈물을 흘렸다. 그중에는 몸을 들썩이며 우는 사람도 있었다. 대기실에서 무대에 오르기를 기다리던 가수 한 사람도 계속 눈물을 손으로 훔치며 울었다.

   부모를 생각할 때, 대부분의 사람들은 양가감정을 갖고 있으며, 또한 그것에 대해 말하고 싶어 한다. 부모에 대한 감사와 연민이 있지만, 동시에 억울함과 섭섭함도 있다. 그래서 어떤 사람들은 어른이 된 후에도 부모와의 관계에서 희망과 사랑보다는 좌절과 분노를 기억한 채 상처를 지니고 살아간다.

특히 역기능 가정*의 아이들이나, 부모의 사랑을 받지 못했던 어려운 상황 아래서 성장한 아이들은 어른이 되어서도 여전히 해결되지 못한 상처나 아픔 속에서 고통스럽고 얽매인 삶을 재현한다. 비록 어른이 되었지만 채우지 못한 애착관계 탓에 아이처럼 사랑과 인정을 구하는 데 필사적인 사람도 있다.

역기능 가정의 아이들이 건강한 양심이나 건강한 죄책감을 발달시킨다는 것은 거의 불가능하다. 성장의 각 과정들을 발달시킬 수 없었기 때문에 아이들의 자연스러운 감정들은 금지되고, 대신 중독적인 죄책감이 발달하게 된다. 심리적인 자기(psychological self)에게는 죽음의 전조처럼 들리는 말이다. 중독적인 죄책감은 무력한 상황에서 힘을 가지는 방법이다. 이것은 타인의 행동이나 감정에 대한 책임이 자신에게 있다고 속삭인다.** 심지어 자신의 행동이 타인에게 피해를 주고 그들을 힘들게 한다고 말한다. '자, 봐라 네가 무슨 짓을 했는지, 너 때문에 엄마가 아프잖아.' 이것은 결국 당신에게 과도한 책임감을 지우는 결과를 낳는다.

존 브래드쇼, 《상처받은 내면아이 치유》, 학지사

---

\* 가정 구성원들의 정서적·신체적 욕구를 충족시켜주지 못하며 정상적인 양육 환경을 제공하지 못하는 문제 가정.
\*\* 부모의 이혼과 별거도 아이들은 자신에게 그 책임이 있다고 느낀다.

부모는 자녀를 사랑했다고, 나는 최선을 다했노라고 말할 수 있겠다. 하지만 자녀 입장에서는 채워지지 못한 욕구충족에서 온, 아직도 미해결된 과제(unfinished business) 속에서 힘들고 고통스런 삶을 지속하는 셈이다. 특히 완벽주의 부모나 학대형 부모, 강압적이고 억압하는 부모 밑에서 자라난 자녀는 심각한 상처 속에서 울부짖는 내면의 아이와 여전히 싸우는 중이다.

시 〈두 번째 기념일〉을 쓴 마크 헨리도 내면의 아이들과 싸우는 사람 중 하나이다.

### 두 번째 기념일

마크 헨리

나는 당신에게
쏟아냈고 당신은
내게 쏟아냈습니다.
나는 오늘이
예수의 탄생과 유년의 해인지
궁금했습니다.

웃음과 질병,

결핵과 바슨 밴드,

여행하는 조용한 남자.

대머리, 배불뚝이의

멋없는 원래 마른 남자

야구 코치. 선생,

순회하는 책 세일즈맨.

세계 백과사전의 왕,

〈LA타임스〉 독자와 행운을 좇는 자

당신의 따뜻하고 안락한 배와 심장 소리가

밤새 나의 폭풍을 잠재웁니다.

불탄 것은 시보레였던가요?

아니면 포드였던가요?

VW버스와 푸른색 밴

픽업트럭과 소형 닛산

산허리에서 사막까지 그리고 나라 전역,

학생들과 아들들의 선생님

궤양, 암, 종양, 우울증, 고물 짐,

잃어버린 사랑의 외침, 잃어버린 아내, 잃어버린 경이로움이 모든 분노의 세월을 쏟아내며 견뎠습니다.

두려움과 텔레비전이 생생한 결혼의 행복 속으로 합류했습니다.

당신은 나를 '얼간이'라고 불렀습니다.

나는 당신에게 화가 났습니다.

당신은 당신이 나를 사랑했다고 쏟아냈습니다.

나는 내가 당신을 사랑했다고 쏟아냈습니다.

당신은 2년 전 오늘 돌아가셨습니다.

아버지.

시 〈두 번째 기념일〉은 아버지와 자신과의 관계를 잘 나타낸 살아있는 느낌의 시이다. 아버지가 어떤 사람이었는지, 아버지의 직업과 질병이 무엇이었는지, 자신에게 어떻게 대했는지까지 섬세하게 표현했다. 시인은 어린 시절에 일어났던 일을 생생하게 그려보며, 아버지에 대한 분노와 애정, 그리움을 구체적으로 드러냈는데, 자신의 작품에 대해 이렇게 설명했다.

이 시는 내게 아버지의 삶의 투쟁을 돌이켜보고 인정함으로써, 내가 그를 인정하도록 만들었다. 아버지가 결핵과 그 외의 질병들을 어떻게 견뎌냈는지, 암으로 아내(어머니)를 잃고 33년 동안 우울증을 앓았던 일을 알고 있다. 나는 아버지가 나와 함께 못했던 것이, 그래서 수 년 동안 나를 몹시 화나게 한 것이 바로 이런 이유들 때문이었음을 안다.

"밤새 나의 폭풍우를 잠재웁니다"라는 구절은 며칠이든 몇 달이든 외로움으로 점철된 우리 사이에도 사랑의 순간이 잠깐 있었다는 것을 생각나게 한다. '자동차'는 우리가 미국 전역을 여행했었다는 것을 보여준다. 아버지는 내가 나라와 환경, 역사를 사랑하기를 원했다. 아버지가 돌아가신 후 이 시를 쓴 것은 이런 일들에 대해 아버지와 대화하려는 시도였다. 이 시는 내가 아버지를 대하던 방식을 스스로 용서하려는 시다.


나를 억압했고 학대했던 부모일지라도 사실 그대로를 표현하기는 어렵다. 그런데 부모에 대한 분노를 시를 통해 마음껏 토로한 후 부모를 수용하고 이해하는 일은 관계치유의 가장 중요한 과정 중의 하나이다.

아픔과 상처를 표현하지 못한 탓에 오랜 세월을 분노 속에 사는 사람들이 의외로 많다. 그들에게 필요한 것은 먼저 아픔의 호소와 표현, 그리고 수용과 용서, 망각이다. 부모를 수용하고 용서하려면 먼저 그 상황을 이해하고 부모를 새로운 눈으로 바라보며 또 다른 진실들을 찾아야 한다.

부모가 아픔으로 얼룩진 사람이었다거나, 자녀를 마음껏 수용하고 사랑을 흠뻑 줄 수 있는 여건과 환경이 못 되었다거나 할 수도 있다. 그러기 위해서 먼저 그때의 슬픔과 고통을 만나보고 써보는 일은 참으로 중요한 작업이다.

'리사'라고 하는 여고생이 쓴 시를 읽어보자. 그녀는 시에 자신의 이야기를 솔직히 털어놓았다.

### 끔찍스럽게 커다란 비명 소리

리사

그는 왜 그토록 잔인했을까?

그녀는 밤이면 밤마다 기다리곤 했다.

그의 얼굴이나 전화를 기다리며

반쯤 잠든 채 걱정스레 침대에 있으면, 열쇠로 문이 열리곤 했다.

그녀는 성난 소리를 지르며 현관으로 달려가곤 했다.

몇 시간 빨리 잠들었던 아이들은 무시무시한 말싸움에 깨어나곤 했다.

문이 쾅 닫히고, 컵은 산산이 부서지고

끔찍스럽게 커다란 비명 소리가 집 안을 깨웠다.

그녀의 눈물이 그녀의 분노를 대신한다.

그는 소파에서 잠이 든다.

그녀는 그녀의 방으로 달려가서 잠들 때까지 운다.

아이들은 위안을 찾아 서로를 꼭 끌어안는다.

그리고 그들도 또한 잠들 때까지 눈물을 흘린다.※

시 〈끔찍스럽게 커다란 비명 소리〉가 주는 충격은 강력하고 적나라하다. 알코올중독이나 가정폭력 등으로 부모의 격렬한 싸움이 있는 가정에서 어린 시절을 보낸 내담자들은 이런 종류의 시를 보면 크게 공감한다. 아무에게도 말하지 못했던 아픔의 기억들이 주마등처럼 스쳐가, 흐느끼기도 한다.

어린 아이가 심한 학대를 당하거나 폭력의 목격자가 되면, 그것들은 아이의 삶에서 지울 수 없는 트라우마가 되기도 한다. 이런 기억들은 마치 어제 겪은 일처럼 되살아나기 때문에 성인이 된 후에도 미안정되고 건강한 삶을 살 수 없도록 치명적인 영향을 미친다. 그들은 불안, 심한 우울, 분노와 신체적 아픔 등을 호소한다. 말로 표현하는 것은 물론이고

---

※ 이 시에서 '그'는 아버지, '그녀'는 어머니를 뜻한다.

글을 쓰다가도 쓰던 것을 멈추고 가슴을 치며 통곡하기도 한다. 뿐만 아니라, 글을 쓰는 도중에 '엄마 미워! 아빠 미워!'라고 유아처럼 소리를 치며 울기도 한다.

심지어 글을 쓰다가 가슴을 움켜쥐고 땀을 흘리며 공황장애를 일으켰던 여성 내담자도 있었다. 그녀는 마음이 진정되자 다시 글쓰기를 시도했다. 그러고는 '당신이 나를 귀찮아하며 쓰레기 취급했던 일을 나는 혐오해요. 치가 떨리도록 당신이 너무도 미워요. 당신이란 인간은 악마보다 더 나쁜 존재였어요'라고 구체적이고 생생한 표현을 써내려갔다.

자신의 강력하고 슬픈 느낌을 글로 쓰고 여러 번 읽는 것은 그동안 닫혔던 문을 열고, 삶의 아름다운 출구로 나아가는 계기가 될 수 있다. 특히 가족과의 관계에서 받은 상처는 깊고 더욱 아프다. 아직도 과거의 기억으로 남겨두거나 망각하지 못하는 폭력과 학대의 상처가 있다면 이를 표현하고 대면하여, 애도한 후에 보다 건강한 땅—과거의 기억 속으로 보내야 한다.

많이 쓰고, 읽으며, 부모와 대화해보는 것은 상당한 치유와 회복을 가져온다. 곧 아픔을 겉으로 드러내고, 느끼며, 재해석함으로써 글쓰기는 정서적으로 스스로를 돌보며 치유하는 과정이 되는 것이다. 존 폭스는 이에 대하여 이렇게 말했다.

당신은 오로지 고통스러운 부분들, 강력한 일기 작성, 감정 분출을 위한 거칠고 성난 폭언들을 쓸 수도 있다. 당신은 이런 해로운 시들을 불태우거나 자기 방식대로 그 시들을 묻어버리기를 원할지도 모른다.

반면에 자신의 진실한 고백을 칭찬하며, 더 이상 자신을 잃지 않도록 가끔 그 시들을 들여다보려고 보관하고 싶어 할 수도 있다. **이 시들은 당신의 이해를 촉구하며, 당신이 어떻게 자랐는지 일깨워준다. 가장 훌륭한 접근은 스스로 경험하고 느껴보는 것이다.** 시는 당신의 느낌과 통찰력을 담는 그릇이 될 것이다.

특히 치료사와 집단에서 시를 공유하거나 그것을 큰 소리로 말할 때 중요한 것은 시를 쓰는 행위다. 다른 사람과 함께 당신의 학대 경험을 쓰거나 목소리를 내는 것은 이런 문제들에 감춰진 것을 걷어낸다. 당신의 진실을 어떤 사람에게 들려주는 행위만으로도 치유의 과정과 자신이나 타인에게 더 이상 상처주지 않으려는 노력에 도움을 준다.

이러한 문제를 다루는 글들은 보람이 있다. 어떤 시들은 치유의 돌파구가 되고, 고통스러운 경험의 핵심을 건드리기도 한다.


또 다른 좋은 시의 사례가 있다. 어머니와의 관계에서 상처를 입은 엘사 와이너는 관계 개선에 많은 노력을 기울였지만 나아지지 않는 상태였다. 하지만 15세부터 시를 쓰며 올바른 방향을 찾을 수 있었다고 고백한다. 그녀는 분노와 상처에 이어 열망과 해결이 들어있는 시 〈엄마〉를 22세에 썼다.

### 엄마 — 눈을 내리깔다

엘사 와이너

당신은 그렇게 부끄러워해서는 안 된다.
당신은 나를 포용해야 한다.
나는 당신이 포용해야 할 몫이다.
나는 당신의 맏이다.
나는 당신의 따뜻한 눈길을 느끼고 싶다.
당신이 살아있다는 것을 알고 싶다.

나는 당신의 손바닥이
내 옆구리 주위를 감싸고
성소나 동물을 잡듯
그 작은 곳을 잡아주었으면 한다.

당신은 모자를 쓰고

자리에서 안절부절못하며

내게서 떠나고 싶어 한다.


잃어버린 순간들은 문간에 쌓이고 있다.

당신이 저 문을 통해 걸어가든지

내가 걸어가든지 할 것이다.

누가 떠나가는 것은 중요하지 않다.

침묵은 차라리 견디기 쉽다.

당신이 하는 이중적인 신랄한 말들보다

당신의 결점들보다


나는 보상을 원하지 않는다.

나는 용서나 사과를 기대하지 않는다.

나는 믿을 수 있는 사람을 찾고 있는 중이다.

나는 사랑만큼 크게 말하고

느려지지 않는 행위를

떠났다가 다시 돌아오는 일이 없는

결코 멈추지 않는 행위를 갈구한다.

대부분의 자녀는 부모로부터 '따뜻한 눈길'을 받고 싶어 하고, 부모의 손이 '옆구리를 감싸고' 잡아주기를 원한다. 사랑과 인정을 받고 싶은 욕구는 누구에게나 있다. 어린 시절에는 더욱 그렇다. **충분히 사랑과 돌봄을 받지 못한 사람들은 성장한 후에도, 사랑과 인정을 받는 데 집착한다. 그럴 만큼 애착관계를 제대로 만들지 못하고 자라난 사람들의 아픔은 정말 크다.** 때로 그런 사람은 자신도 모르게 필사적이고 과도한 행동을 하게 된다. 또한 애정과 인정의 욕구가 과도한 탓에 타인과의 관계는 원만하지 못하고 악순환이 될 수밖에 없다.

어릴 적 경험 탓에 관계에 집착하고 있다면 시 속의 엘사처럼 분노, 상처, 열망, 기대를 표현하는 것은 오히려 해결의 실마리가 될 수 있다. 다음은 엘사의 이야기이다.

> 나는 처음에 어머니에 대한 시를 쓰기가 불편했다. 그 시는 노여움에 관한 시이고 어머니에게 상처를 줄 감정들이 들어있었기 때문이다. 어쨌든 나는 모두 써 내려갔다. 그러자 분노를 여유롭게 다룰 수 있었다. 또한 새로운 느낌들에 귀를 기울일 수 있는 능력을 얻었다. 나는 분노를 명확히 함으로써 그 분노에 집착하거나 분노에서 자유로워지고 싶었다. 나는 이 시와 다른 시를 쓰면서 분노를 다루기 시작했다. 그 결과, 감정에 너무 의존하지 않고 어머니와 새로운 방식으로 교류하게 되었다.

사람은 생각, 감정, 행동을 통하여 자신을 드러낸다. 어느 한쪽에 치우치지 않고 골고루 조화를 이루며 자신을 표현하는 것은 가장 바람직한 건강한 방법이다. **때로는 분노의 건강한 표출이 수용으로 연결된다. 분노를 건강하게 글로 표현하고 나의 열망과 기대와 억울함을 드러냄으로써 부모와의 관계에 진전을 가져올 수 있는 것이다.**

시를 쓰고 계속해서 그것을 읽고 묵상할 때 무수한 대화들이 우리 안에서 일어난다. 이때 생겨난 새로운 통찰력은 부모를 이해하게 하며 깊은 유대감으로 더욱 그 관계를 달라지게 한다. 부모의 심정을 잘 풀어놓은 김현승의 시를 소개한다.

### 아버지의 마음

김현승

바쁜 사람들도

굳센 사람들도

바람과 같던 사람들도

집에 돌아오면 아버지가 된다.

어린 것들을 위하여

난로에 불을 피우고

그네에 작은 못을 박는 아버지가 된다.


저녁 바람에 문을 닫고

낙엽을 줍는 아버지가 된다.


바깥은 요란해도

아버지는 어린것들에게는 울타리가 된다.

양심을 지키라고 낮은 음성으로 가르친다.


아버지의 눈에는 눈물이 보이지 않으나,

아버지가 마시는 술에는 항상 눈물이 절반이다.


아버지는 가장 외로운 사람들이다.

가장 화려한 사람들은

그 화려함으로 외로움을 배우게 된다.

김현승, 《가을의 기도》, 시인생각

시 〈아버지의 마음〉은 아버지를 한층 이해할 수 있게 하는 작품이다. '아버지는 가장 외로운 사람'이고 '보이지 않는 눈물이 절반' 들어있는 슬픈 술을 마시는 사람이다. 자신이 낳은 자녀를 아끼고 배려하며 돌봄으로 미완성의 사랑을 주고받는다. 그리고 아이들도 부모에게 애증을 품은 채, 성장통을 겪어낸다.

성장통을 심하게 겪었던 이가 쓴 시 〈바다〉를 소개한다. 내 친구의 아들인 현우는 사춘기였는데, 막상 그가 써준 이 글은 깊은 애정을 부모에게 전하고 있었다.

바다

윤현우[*]

내게는 아주 소중한 바다가 하나 있습니다.

내가 태어나서 처음 본 바다는 편안했습니다.

바다는 끝없이 깊고 푸르렀고 모든 것을

포용하듯 넓었습니다.

---

[*] 현재는 성인이 된 지은이가 중학교 3학년 때 쓴 작품이다.

바다가 이만큼 넓다고 생각하면

바다는 항상 더욱 깊고 넓은 크기로 나를

끌어안아 주었습니다.

바다는 인자했으며 나의 잘못을 보면

호되게 꾸짖었습니다.

바다는 내가 지칠 때 힘을 주었고

슬플 때 위로해주었습니다.

바다는 슬플 때 혼자 조용히 울었으며

슬픔을 내게 나타내지 않았습니다.

나는 그 바다의 이름을 몰랐습니다.

하지만 지금 나는 그 바다의 이름을 알고 있습니다.

어머니……

내가 어머니에 대한 감사의 의미로 쓴 시도 소개한다. 어머니는 9남매를 낳아 둘을 잃고, 일곱 자녀들을 헌신과 사랑으로 키우셨다.

## 어머니

오경숙

작은 일에도

크게 기뻐하시고

큰 걱정거리도

작게 여기셨던 마술사

당신으로 인하여

우리는 이곳에 왔고

그 사랑과 지지로

성장했습니다.

희생을 기쁨으로

작은 소유를 나누며

깊은 사랑과 수용으로

포근하고 따뜻했던 그 손길

그리워 가슴이 저립니다.

더 많이 주지 못해

아파하시고

자녀들의 노력과 성취를

크게 여기며

누리셨던 어머니


당신을 통해 얻은

더 크고 아름다운 것들

우리도 자녀들과 함께

나누렵니다.


어머니가 흘리신

향기와 사랑을

우리도 주위에

전하렵니다.


    강력하게 자신의 아픔을 표현하고 경험하는 것이 치유의 완성이 될 수는 없다. 그러나 진정한 치유를 위해서 자신의 분노나 슬픔부터 열망까지를 충분히 표현하는 것은 치유에 꼭 필요하다. 그리고 상실의 아픔을 겪은 사람들은 그 아픔을 글로 적은 후에, 새로운 감정과 생각 등의 다른 내용을 쓰고, 그것에 따라 살기로 결단하기를 권한다. 이로써 시나 글쓰기는 신체적, 정신적, 감정적으로 자신을 돌보는 방법을 배우는 회복의 한 과정이 될 수 있다.

다음의 시는 상실의 아픔이나 어린 시절 맺어야 할 애착관계를 미해결한 사람들이 쓸 수 있는 글이다.

몰래 꼭 운다네

전정예

남의 결혼식에서

모르는 신부가

울기만 해도

난 따라서

몰래 꼭 울고

남의 장례식에서

모르는 사람이

서러워해도

난 따라서

몰래 꼭 우네.


어떤 날은

하루를 날 잡아

방에서 꼼짝 않고

마음껏 울기도 하네.


그걸 알면

날 사랑하는 사람

마음 아플까봐

꼭 꼭 숨어서

꼭 몰래 운다네.

전정예, 《여우랑 여우랑》, 책만드는집

시 〈몰래 꼭 운다네〉에서 그려내듯 내 안에 슬픔이 많이 있을 때에는, 별 상관없는 사람이더라도 옆에서 울기 시작하면 같이 울게 된다. 다른 사람의 마음이 아플까봐 혼자서 모르게 우는 마음, 하루를 날 잡아 우는 것 등은 어떤 상실감이나 미해결된 애착 형성에서 오는 압도된 슬픔 때문에 오는 현상들이다.

이와 맥락을 같이하는 시 〈엄마〉를 읽어보자.

엄마

재클린 우드슨

가끔씩, 오늘이나 어제 같은 날
아니면 내일이라도—잃어버린 모든 것이
내 안에서 뒤범벅된다.


인동운모 파우더가 있다.
엄마에게 그런 냄새가 난다.
인동은 꽃이라고 엄마가 말했다.
내가 아는 건 엄마 냄새가 나는 그 파우더뿐,

가끔 그리워서 정말 가슴이 아파오면

백화점으로 달려간다. 경비원들은

내가 뭔가 훔칠까봐 주위를 맴돈다.

화장품 코너 아가씨에게

그 파우더가 있는지 묻는다.

네, 라는 대답에 이렇게 말한다.

제가 찾는 게 맞는지 향기 좀 맡아도 될까요?

화장품 판매원은 눈동자를 굴려 나를 보지만

허락해준다.

그러면 그 몇 초 동안

다시 엄마가 살아나,

엄마에 대한 아름다운 기억이

모두 떠올라.

바보 같은 내 농담에

웃음 터트리던 모습.

가끔 도망치기 전에 나를 붙들고

꼭 안아줄 때의 느낌.

또 샤워하면서 노래 부를 때

아름답고 터프한 엄마 목소리.

항상 나와 릴리에게 줄 오렌지맛 사탕이

들어있던 엄마의 빨간 주머니

아닌데요. 난 화장품 코너 아가씨에게 말한다.

제가 찾는 게 아니에요.

하곤 재빨리 빠져 나온다.

누군가 내 호주머니를 검사하기 전에

아무것도 훔치지 않아 당연히 늘 비어있던.

어린 나이에 어머니를 잃었고, 너무 보고 싶으면, 백화점에 가서 엄마의 향기를 맡아본다는 소년 재클린 우드슨의 시이다.

우리도 사무치게 보고 싶은 사람, 원망과 미움의 대상이기도 했지만 또 사랑했던 부모님, 잊히지 않는 장면들. 돌아가고 싶은 곳, 원망이나 비난을 퍼붓고 싶었지만 그렇게 못했던 가족이 있다면 이를 소재로 글을 써보자.

*실전 글쓰기*

1. 아래는 7세 때 성인에게 성폭행을 당한 어느 여성이 쓴 글들이다. 이를 읽은 후에, 보고 싶은 사람을 향해 글을 짤막하게 써보자.

나의 어머니. 어머니가 나를 한번 안아주었으면 한다. 나는 어제 정말로 슬픔에 젖어 울부짖었다. 죽음, 어머니가 완전히 죽은 것이 아니면 다시 어머니를 볼 수 있다고 믿는다. 나는 어제 다시는 이 성에서 그녀를 만질 수 없고, 향기를 맡을 수도 없으며, 그녀의 목소리와 모습을 볼 수 없다는 것을 깨달았다. 어머니의 죽음을 감당하기에 나는 너무 어리다. 어머니가 그립다.

케네스. 그의 부드러움이 그립다. 그의 무조건적인 수용이 그립다. 안전감이 그립다. 분명하고 진실됨이 그립다. 누군가와 연계되어 있는 느낌이 그립다. 나는 혼자다. 그가 나와 이곳에 있으면 좋겠다.

아버지가 그립다. 그와 가까이 있고 싶다. 아버지 무릎 위로 기어 올라가서 손가락을 빨면서 편안함을 느끼고 싶다. 그가 곧 죽어버리면 어떻게 될까? 내가 멀리 떨어져 있는 동안 그와 함께하는 시간을 잃는 것이 두렵다.

나의 강아지, 나는 어제 강아지 때문에 울었다. 10년 전 강아지가 죽었을 때도 울지 않았건만, 그를 잃은 슬픔에 압도되어 울었다. 강아지는 아직도 나의 절친한 친구 중의 하나로 자리한다.

글을 쓴 후에는 여러 사람과 나누자. 돌아가면서 읽고 피드백하며 서로의 느낌을 공유하자.

2. 아래는 역기능 가정에서 자란 사람들이 어린 시절의 아이로 돌아가서 그때의 심경으로 써본 글들이다. 이를 읽은 뒤, 정말 오랫동안 하고 싶었던 나의 얘기를 마음껏 써보자.

사랑하는 엄마, 아빠에게

아빠! 난 아빠의 사랑과 보호가 필요했어요. 아빠가 늦게 오실 때마다 난 무서웠어요. 아빠가 술만 안 마셨으면 하고 간절히 바라고 있었어요.

아빠가 나랑 놀아주기를 원했어요. 얼마나 아빠랑 운동장에 가서 뛰고 놀고 싶었는지 몰라요.

엄마! 엄마에게 칭찬받고 싶었어요. 그리고 나를 사랑한다고 하는 말을 듣고 싶었어요. 여러 번 듣고 싶었어요. 내가 엄마를 달래지 않고 엄마가 나를 안아주고 달래주었으면 했어요.

*사랑하는 민이가*

위의 편지는 알코올중독으로 힘들어하던 내담자가 9살 어린 시절로 돌아가서 부모에게 하고 싶었던 말을 편지로 전한 것이다. 이처럼 애절하고 가슴을 아픈 글을 두 편 더 소개한다.

엄마, 빨리 와서 나를 데리고 가주세요.

엄마는 크게 화가 나시면 나를 때리고 시키면 벽장 속에 나를 오랫동안 가두시곤 했어요. 나는 큰 소리로 울지도 못하고 눈물만 흘리다가 지쳐서 잠이 들곤 했어요. 나를 어서 내려오라고 말하고, 빨리 안아주세요. 어머니, 나는 지금도 갇혀있는 기분이에요. 지난 40년 동안 나는 늘 그곳에 갇혀서 답답하고 울적하며 암울한 시간이 많았어요. 나를 도와주세요. 나에게 사랑한다고 말해주실 순 없나요? 나를 꼭 안아주시고 미안했다고 말해주세요.

사랑하는 당신의 아들이

그는 이 글을 쓰고 읽을 때에 울거나 통곡을 했다. 그리고 40년간의 긴 구속에서 나오고 싶다고 고백했다.

아빠, 엄마를 때리지 마세요. 아빠가 미워요.

엄마, 나를 안아주세요. 나는 외롭고 무서워요.

예수님, 우리 식구들이 싸우지 않게 도와주세요.

7살 난 당신의 큰아들이

추억의 창고를 열어 내가 지금까지 써보지 못했던 글을 써보자.

_____
_____
_____
_____
_____
_____
_____
_____
_____
_____
_____
_____
_____
_____
_____

여러 사람이 함께하고 있다면 누군가 자신의 글을 읽으면 다른 사람들이 돌아가면서 피드백을 하자. 위로의 말이나 사과의 말을 건네거나, 부모처럼 안아주자. 만약 눈물을 보이는 사람이 있을 때에는 슬픔을 가라앉힐 때까지 천천히 기다려준다.

4. 다음의 질문들을 활용해 다양한 이야기들을 나누자. 부모나 식구들에게 품었던 어린 시절의 감정이나 느낌에 대해 이야기하고 현재의 나와 연결시키는 시간을 가져보자.

- 어린 시절에 가장 두려워했던 일, 생각이나 감정은 어떤 것인가? (예: 비난받았던 것, 외톨이가 되어 외로워했던 것, 어둠 속에 갇혀 무서웠던 일, 부모님께 혼나고 쫓겨났던 일, 다른 집에 숨었던 일, 혼자 아팠던 일)

- 나의 심리 상태를 나타낼 수 있는 단어를 적어보자.
  ①                              ②
  ③                              ④
  ⑤

- ① ~ ⑤ 중에서 어린 시절과 관계가 되는 것은 무엇인가? 이에 대해 간단히 적어보자.

  _____
  _____
  _____
  _____
  _____
  _____

- 내 마음을 아직도 사로잡거나 억누르고 있는 것이 있다면 그것은 무엇인가?

  _____
  _____

- 내가 되고 싶은 부모상을 적어보자.

- 하나님께 치유함을 주시라고 기도하는 한 가지는 무엇인가?

- 나를 사랑하는 내용의 편지를 쓰고 스스로 읽는 시간을 가져보자.

시로 써야 할 이야기

앞의 질문들을 바탕으로 한 내담자가 작성한 글이다.

사랑하는 정희에게

나는 너를 지금도 그리워하는 엄마란다. 엄마가 너를 얼마나 아끼고 사랑했는지 우리 딸은 잘 몰랐을 것이다. 아, 내가 너를 얼마나 좋아하고 사랑했는지.

너는 나의 분신이었고, 내 전부였고, 때로는 나 이상의 존재였다. 나는 너의 모든 것을 사랑했단다. 검고 맑은 눈, 보드라운 피부, 특히 예쁜 너의 목소리, 아장아장 걷는 작은 걸음, 그리고 꺄르륵거리는 너의 웃음까지, 넌 정말 나의 작은 천사였다.

그렇게 사랑스런 너를 마음껏 사랑해주지도 못하고 시름시름 앓아 누워 있을 때에도 너는 오히려 나에게 다가와 나를 만져주고 위로해주었어.

내 딸 정희야, 지금 나는 먼 곳에 있지만, 너를 사랑하고 그리고 만날 날을 기다린다.

우리도 이런 글을 써보고, 매일 두세 번씩 자신에게 읽어주자. 어린 시절 부모님의 사랑이 충분하지 못했거나, 여러 가지 환경적인 이유 때문에 사랑이나 인정을 채우지 못했다면 더욱 많이 쓰고, 자신에게 읽어주는 시간도 여러 번 가져보자.

또한 내가 사랑하는 대상, 부모나 선생님, 친구, 예수님이 보내준 편지를 써서 읽을 때 더 많은 효과와 회복이 일어난다. 우리도 그렇게 해보자.

## 12
# 상실과 슬픔을 표현하기

미국의 심리학자인 프리츠 펄스의 "나 자신의 모습이 되기 전까지 아무것도 변화되지 않는다"라는 말은 우리가 상실했거나 침해당했던 감정들을 슬퍼하고 그 진정한 상처들을 깊이 이해해야만, 다시 침해당했던 감정들을 소유할 수 있다는 의미이다. 그런데 사람들은 흔히 고통스럽거나 싫은 감정이 내면에서 올라올 때, 이를 억압하거나 부정하는 경향이 있다.

억압하고 부정하는 것이 일시적으로는 편하게 느껴지기 때문이다. 그러나 억눌린 감정들은 없어지는 것이 아니다. 기회만 되면 표출될 가능성이 많다. 오히려 억눌렸던 감정들이 한꺼번에 폭발되어 더욱 큰 어려움에 처하기도 한다. 게다가 엄청난 상실이나 타격을 겪으면, 사람들은 감당키 어려운 슬픔 속으로 떨어진다. 그 깊은 슬픔은 일반적으로 과거에 대한 고통스런 회상, 환멸감, 실패했다는 감정, 자기 연민을 동반한다.

물론 슬픔의 감정을 가지는 것 자체는 어쩔 수 없다. 잘못된 것도 아니고 자연스런 일이다. 그러나 깊은 슬픔과 상실의 감정이 사람의 인격 속으로 침투되기 시작하면, 그때부터는 자신도 모르게 큰 낙심과 원한, 부적절감을 가지게 되며 또한 우울증으로 이어져 스스로를 비난하고 괴롭히게 되는 것이다.

여러 번 강조했듯이, 어떤 형태로든 상실과 슬픔을 표현하는 일은 중요하다. 다음의 시 〈마음껏 울어라〉처럼 말이다.

### 마음껏 울어라
메리 케서린 디바인

딸아, 마음껏 슬퍼하라

진정 슬픈 일에서 벗어날 유일한 길이니

두려워 말고, 큰 소리로 울부짖고 눈물 흘려라.

눈물이 그대를 약하게 만들지 않을 것이다.

눈물을 쏟고 소리쳐 울어라.

눈물은 빗물이 되어,

상처를 깨끗이 씻어줄 테니

상실한 모든 것에 가슴 아파하라.

마음껏 슬퍼하라.

온 세상이 그대에게 등을 돌린 것처럼.


상처가 사라지면

눈물로 얼룩진 옛 시간을 되돌아보며

아픔을 이기게 해준

눈물의 힘에 감사할 것이다.


두려워 말고, 마음껏 소리치며 울어라.


울어야 한다. 마음껏 울고 눈물을 많이 흘려 '상실한 모든 것에 가슴 아파'해야 한다. '두려워 말고, 마음껏 소리치며 울어야 한다.' 그러나 사람들은 큰 상실과 슬픔 앞에서 오히려 눈물도 안 나오고 괴로워서 더욱 표현도 못 하겠다고 고백한다.

"요즈음 저는 마지못해 살아가고 있어요. 아무런 의욕도 관심도 없고 그저 혼자 멍하니 앉아있을 뿐입니다"라고 말하는 사람들이 있다. 무기력과 의욕상실, 억압된 분노, 억울함, 절망감 등이 온통 그들의 마음을 차지하고 있는 것 같다.

또한 "그(녀)가 죽었을 때 내 일부도 죽었습니다. 아무것도 하고 싶지 않습니다. 잠을 잘 수도 없고 음식도 먹고 싶지가 않습니다" 이렇게 말을 하는 사람들도 종종 만난다.

그때가 바로 글로 써야 할 때이다. 누군가의 도움을 받아, 글을 쓰기도 하고 읽기도 하며 대화를 나눠야만 한다. 내 안의 아픔과 고통을 이야기하고 나누며 가슴에 쌓인 아픔을 드러내야 한다. 아무리 뼈아픈 기억이라 할지라도, 그것을 대면하고 나눌 때 속박에서 나오는 놀라운 해방을 맞이하게 된다. 더 나아가 위로와 지지의 피드백을 받게 되면, 몸과 마음의 변화가 시작된다.

〈시편〉의 다음 구절을 자세히 읽어보자.

하나님이여 주께서 어찌하여 우리를 영원히 버리시나이까

어찌하여 주께서 기르시는 양을 향하여

진노의 연기를 뿜으시나이까 (중략)

하나님이여 대적이 언제까지 비방하겠으며

원수가 주의 이름을 영원히 능욕하리이까

주께서 어찌하여 주의 손 곧 주의 오른손을

거두시나이까 주의 품에서 손을 빼내시어

그들을 멸하소서

하나님은 예로부터 나의 왕이시라

사람에게 구원을 베푸셨나이다

주께서 주의 능력으로 바다를 나누시고

물 가운데 용들의 머리를 깨뜨리셨으며

리워야단의 머리를 부수시고 그것을 사막에

사는 자에게 음식물로 주셨으며

주께서 바위를 쪼개어 큰물을 내시며

주께서 늘 흐르는 강들을 마르게 하셨나이다.

〈시편〉 74편 1절, 10~11절, 12~15절

앞부분에서 다윗은 하나님께 부르짖고 따지듯 자신의 생각을 토로한다. 실로 다윗은 〈시편〉을 통해 하나님께 엄청난 불만과 원통함, 억울함을 전한다.

**이렇게 시나 글로 자신의 분노와 원망을 표현하는 것은 건강한 표현 방법이며, 반복해서 읽고 쓰는 동안 내면에서 여러 가지 힘들을 느낄 수가 있다.** 성찰이 일어나기도 하며, 카타르시스가 일어날 수 있다. 그리고 새로운 각오나 결심을 하기도 한다.

우리가 가장 소중하다고 생각한 것을 잃었을 때에는 흔히 내 전부를 잃었다고 생각하기가 쉽다. 그런 시기에 겪는 슬픔은 자신을 매우 방어적으로나 무기력하게 만들어, 다시는 어떤 희망도 삶에 없을 것이라는 생각을 갖게 한다. 그러다 삶을 비관적으로 바라보게 되며, 어디론가 숨고 싶고 멀리 도망가고 싶어진다. 그러나 회피라는 쉬운 선택은 자칫 빠져나올 수 없는 수렁이 될 수 있다. 이럴 때는 먼저 현실적으로 상실감을 인정하고 극심한 슬픔이 지나가기를 기다려야 한다. 자신의 처지와 심경을 솔직하게 표현한 시 〈가면〉의 화자처럼 말이다.

### 가면

데드리그

어둠이 아래로 내려온다. 떨어진다.
당신은 진정한 나 자신인가?

당신의 어두운 형상 속에

부드럽고 편안한

어떤 것, 무엇이라도 있는가?

꽃은 아마도, 삶의 여섯 꽃잎

한가운데에……

그러나 아니다.

숨죽이며 흰 장미가 말한다.

현실성 있게 맹렬해지라고……

나의 코는 부러졌다.

그것은 별도 없는 밤에

산산이 부서지는 나의 심장

아마도 그것은 나의 차가운

눈초리 밑에서 춤추는 음악

또는 선율 속에서 날아온 연.

트럼펫의 시끄러운 소리……

너에게는 신성한 것

나무는 구부러지고

입은 외치고

붉은 잎은 나무에서 시든다.

여기저기 파편이 되어 갈라진다.

시 〈가면〉은 미국의 심리치료사 데드리그가 아들 타일러가 23살에 교통사고로 갑자기 세상을 떠나자 상실과 슬픔을 담아 쓴 작품이다. 그녀는 시를 쓴 과정에 대해서 이렇게 서술했다.

내가 느낌을 표현하지 않을 때는 자신에 대해 무감각해지는 경향이 있다. 나는 가면을 쓴다. 이러한 말들을 써 내려가는 것이 괴롭지만 나에게는 선택의 여지가 없다.

내가 만든 가면은 맹렬함으로 소용돌이친다. 나무에서 시들어가는 붉은 잎들은 피고 입은 소리친다. 교통사고로 코가 부러졌고, 여러 조각으로 부서졌지만 이 역시 나의 얼굴이다. 이 시는 산산이 부서지는 것에 관한 시다.

타일러가 차 사고로 죽은 1996년 3월 2일 새벽 3시 30분, 별도 없는 밤에 관한 시다. 내 차가운 눈초리 아래에서 춤추는 음악, 트럼펫의 시끄러운 소리는 그 악기 연주를 즐기고 듣는 것을 좋아했던 타일러이다.

고통스런 기억에 대한 치유가 어려운 것은 기억을 회피하려고 만들어놓은 방어기제 때문이다. 또한 상실이나 슬픈 감정을 다른 사람의 이

목이나 체면 때문에 감추는 것은 영원할 수 없으나, 이를 긍정적인 반응으로 바꾸는 것도 어렵다.

하지만 치유하려면 이러한 감정이 있다는 것을 시 〈가면〉에서처럼 인정해야 한다. 불확실함과 분노, 슬픔, 원망, 고통스런 감정을 신뢰하는 친구나 가까운 식구들에게 표현하는 것은 정상적이며, 꼭 필요하다. 상실이나 슬픈 감정을 인정하지 않고 회피하거나 그렇지 않는 것처럼 가면을 쓰는 것은 더욱 자신을 복잡하게 만들며, 시간이 지날수록 깊은 우울감에 빠지도록 할 뿐이다. 이에 대해 가족상담 분야의 권위자 김용태는 저서에서 다음과 같이 밝혔다.

표현되지 않는 감정은 무의식의 세계에 빠진다. 그렇게 쌓인 감정은 수시로 자신을 공격하며 여러 증상을 일으킨다.

무기력하고 우울한 느낌, 잦은 두통, 소화불량, 거식증, 성적 환상 등 이런 증상 중 강도가 심한 것이 신체적 마비다. 마비는 부정적 에너지인 분노가 밖으로 나가지 못하고 자신을 공격할 때 발생한다.

김용태, 《가짜감정》, 덴스토리

김선영 씨는 가장 소중한 것을 두 번이나 잃은 30대 후반의 내담자였다. 중학교 진학 직전에 어머니가 병으로 돌아가신 뒤 그녀는 아버지와 단둘이 살아왔다. 여러 번 죽고 싶었을 정도로 사춘기를 힘들게 보냈으나 홀로 계신 아버지를 두고 그럴 수 없어서, 우울과 분노, 회피 등의 감정들을 겪으며 방황하다가 간신히 고등학교를 졸업하였다. 그러다 아버지는 재혼하셨고, 그녀는 직업을 갖기 위해 여기저기 학원을 다니게 되었다. 그런 도중에 남자 친구를 만나 사귀다가 육체적인 관계를 맺게 되자, 어린 나이에 준비되지 않는 결혼을 하게 되었다. 그런데 결혼생활도 평탄치 않았다. 남편은 선영을 피해 혼자서 낚시를 가거나 집을 비우는 날이 잦았다. 그녀는 현재의 상황에서 비롯된 외로움과 어린 시절의 고통이 겹쳐 힘겨운 나날을 보냈다. 설상가상으로 어렵게 얻은 아이마저 병으로 죽게 되었다.

그 뒤 선영 씨는 깊은 우울과 낙심에 빠져 정상적인 생활을 할 수가 없게 되었다. 시시때때로 자살 충동을 느꼈고, 분노와 무기력, 슬픔, 불신, 절망감 등이 자주 그녀를 괴롭혔다. 그녀는 다윗이 쓴 〈시편〉 102편의 앞부분에 크게 공감했다.

나의 괴로운 날에 주의 얼굴을

내게서 숨기지 마소서

주의 귀를 내게 기울이사

내가 부르짖는 날에 속히 내게 응답하소서

내 날이 연기같이 소멸하며

내 뼈가 숯같이 탔음이니이다

내가 음식 먹기도 잊었으므로 내 마음이

풀같이 시들고 말라버렸사오며

나의 탄식 소리로 말미암아

나의 살이 뼈에 붙었나이다

나는 광야의 올빼미 같고 황폐한 곳의

부엉이같이 되었사오며

내가 밤을 새우니 지붕 위의

외로운 참새 같으니이다

내 원수들이 종일 나를 비방하여

내게 대항하여 미칠 듯이 날뛰는

자들이 나를 가리켜 맹세하나이다.

나는 재를 양식같이 먹으며

나는 눈물 섞인 물을 마셨나이다.

주의 분노와 진노를 말미암음이라

주께서 나를 들어서 던지셨나이다

내 날이 기울어지는 그림자 같고

내가 풀의 시들어짐 같으니이다.

〈시편〉 102편 2~11절

수업에서 그녀는 글을 쓰고 읽으며, 여러 번 어린아이처럼 울었다. 자신의 감정 상태를 드러낼 때마다 주위 사람들의 진실한 위로와 지지를 받으면서, 점차 그녀는 변화하기 시작했다. 감정 상태를 조절하게 된 것이다.

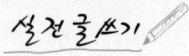

1. 당신의 고통과 상실에 대해 써보자. 그때 마음속에서 일어났던 감정을 비롯해 원망이나 분노, 아쉬움, 후회, 용서, 안타까움 등 무엇이든지 써보자. 이 과정을 여러 번 반복하는 것도 좋다.

2. 당신이 기록한 편지나 시 등을 자신을 이해할 수 있는 누군가에게 읽어주어라. 글을 소리 내서 읽고 당시의 감정을 느껴보는 것이 중요하다. 만약, 읽어줄 대상이 없다면 바로 앞에 누군가가 있다고 생각하고 소리 내어 읽어라.

그리고 이후의 삶에 대해 그 사람(혹은 자신)과 이야기해보라. 어떻게 자신을 더 솔직하게 드러낼 수 있는지, 어떻게 슬픔과 상실의 감정으로부터 현실적으로 벗어날 수 있는지를 의논하라. 이때 중요한 사항들을 구체적으로 적어보자.

이 활동을 통해 많은 사람들이 변화되는 것을 봐왔다. 12장 본문에서 언급한 선영 씨도 다음과 같은 글을 썼다. 하나는 돌아가신 어머니, 또 하나는 어머니가 자신에게 보내는 편지였다. 그토록 보고 싶은 엄마가 써준 답장이었다. 자신이 쓴 어머니의 답장이지만 그 효과는 매우 컸다.

엄마에게

엄마, 나는 엄마의 따뜻한 그 등과 포근한 무릎이 너무도 그리웠어요. 엄마가 보고 싶어서, 많이 보고 싶어서, 밥도 먹지 않고 뒷동산에 올라가서 하루 종일 엄마를 기다렸어요. 그것도 모르고 아빠는 나를 혼내기만 했어요. 그러다가 병원에 입원했어요. 더욱 외롭고 엄마가 더욱 그리웠어요. 엄마, 꿈에라도 오셔서 나를 안아주고 사랑한다고 말해주실 수 있나요?

엄마를 기다리는 딸이

사랑하는 딸에게

사랑하는 내 딸 선영아, 나도 네가 너무나도 보고 싶다.

안아주고 싶고 너를 꼬옥 가슴에 품고 사랑하고 싶다.

비록 먼 곳에 엄마는 있지만 너를 지켜보고 있으며 늘 사랑의 신호를 보내고 있단다. 네가 잘 견디며 애쓰는 모습을 보며 안쓰럽기도 하고 대견함을 같이 느낀다.

사랑한다, 내 딸 선영아.

우리 다시 만날 때까지 씩씩하고 건강하게 잘 지내기를 바란다.

*너를 사랑하는 엄마가*

그녀는 이 글을 쓰면서도, 읽으면서도 아이처럼 많이 울기도 하고 때로 통곡을 하기도 했다. 더욱 많은 글들을 어린 시절로 돌아가 대화체로 쓰면서 그녀는 조금씩 달라지기 시작했다. 이처럼 심각한 감정, 불편하고 고통스런 감정일수록 드러내고, 위로와 지지를 받을 때 우리의 내면은 불편을 벗어나 평정을 찾을 수 있다.

이 과정이 끝난 후에 어떤 사람들은 자신이 타인보다 더 고통을 당해왔다고 생각하기도 한다. 그럴 때 객관적으로 자신을 바라보며 생각을 가다듬는 시간이 필요하다. 동시에 자신과의 대화는 많은 도움이 된다. 그렇다. 사랑하는 존재를 잃는 것은 큰 불행임이 틀림없지만, 그러나 인생에서 피할 수 없는 일이었다고 여겨보자. 아무리 어려운 고통이나 큰 어려움일지라도 그것을 통하여 배울 점은 있으며 나를 유익케 하는 것들이 있다. 비통함을 겪을 때에도 삶의 우선순위를 생각해보자. 이미 어렵게 된 상황이고, 극심한 고통이나 상실감 속에서도 '사랑하는 일'은 남아있다. 오히려 이전보다도 나머지 사람들과 더 사랑하고 더 깊은 관계를 만들어갈 수 있다.

물론 그런 상황에서 좋은 관계를 계발하고 유지하려는 노력은 어려울 수 있다. 그래서 시간이 필요하고 슬픈 감정을 이야기하며 쓰는 것이 중요하다. 오랜 기간 혹은 평생, 슬픔과 고통스러운 마음으로 자신을 미워하며 살아갈 필요는 없지 않은가. 예수님을 믿는 사람이라면 주님께 보내는 편지를 쓰고 그 답장까지 써보라. 주님과의 글을 주고받으며 위로받고 힘을 얻는 분들을 많이 봐왔다.

수업에서 만난 분 가운데 자녀를 잃은 한 어머니가 있었다. 많은 글을 쓰고 나눈 뒤에 그녀는 여러 사람 앞에서 이렇게 말했다. '인생에 남은 시간'을 더욱 사랑하며 살겠노라고.

나보다 더 어려운 사람들, 그리고 나처럼 어려움을 겪은 사람들과 일대 일의 관계를 가지며, 그들의 친구가 되고 싶다고. 그렇게 말할 수 있는 사람들은 상실과 고통을 계기로 오히려 새 삶에 눈을 뜨게 된 것이다. 극심한 슬픔과 더한 상실감 속에서도 외쳐보라. 그래도 내가 살아야 하고 더욱 사랑해야 하며 나는 사랑받는 존재라는 것을!

3. 앞으로 내가 사랑하고 돌봐야 할 것들에 대해서 목록을 작성하고 그것들을 연결하여 글을 써보자. (예: 장미꽃, 안개, 비, 들꽃, 아지랑이, 강아지, 오솔길, 단풍, 애인, 엄마, 자전거, 큰 차. 할머니, 아버지, 시계, 고궁, 헌 책)

다음의 시는 알코올중독자 가정에서 자라난 21세 여성이 회복 과정에서 쓴 것이다. 무엇보다 다시 살고 싶어 하는 열망이 잘 드러나 있다.

### 밤에 대한 공포

밤에 어린이가 자신의 외로움을 감싸주는

따뜻한 손과 팔의 포옹을 기대하며,

갑자기 나타나는 안전과……

또 사랑의 눈물 속에 빨리 흐르는 순간을 기다리듯이


나 역시 사랑받지 못하고 닻을 내리지 못하고

버림받고 부인된 자아의 어둠 속에서

아직도 어린아이 같은 소리 없는 울부짖음으로

옛날의 희망을……

내가 누군가에게 소중하다는 그 확실한 구식 마법을 부르고 있네.


그 어린이가 아직 내 안에 살고 있다네.

혼란되고 배반당한 순진성의 빛바랜 열망으로

구원이 있다고 느끼는 감정과

그런 것은 없다고 알고 있는 이성의

아, 이 고통스런 역설이여

그러나 나는 기다리고 있네.

희미하나 강력한 옛 꿈,

귀한 사랑의 만져줌의 추억에 빠져들면서


나는 기다리네, 나는 언제나 기다리네.

그것은 잊혀진—이름 없는 갈망

세월은 나의 소모된 심장으로부터 파도쳤다네.

그러나 그것은 태고적 능력처럼

나의 실존을 향해

무디고 굳어진 이성을 향해 다가오네.


나는 가망 없는 소원을 가진 궁상맞은 얼굴로

내 생각을 안으로, 뒤로 돌리고 있네.

우둔함 역시 어릴 적 기억들을 가진

약해지고 저항하다 굴종하고 죽어버린

기억들을 가진 고통이라네.

나는 살고 있는 것이 아니라네.

나는 그러한 절망 속에서 기다리고 있네.

이 시는 고통과 절망, 강한 외로움, 공포를 드러내고 있다. 하지만 동시에 희망과 갈망, 그리고 아직 내 안에 어린이가 살고 있음을 상징적으로 나타냄으로써 다른 의미의 기다림을 노래하고 있다.

**13**

# 새로운
# 나를 그리며

**다음의 시 〈나는 배웠다〉는** 우리가 삶을 통해 배워야 할 것, 진정으로 얻어야 하고 깨달아야 할 것들을 말한다. 특히 삶의 중요한 의미와 치유, 성장을 잘 표현하고 있다.

### 나는 배웠다

샤를르 드 푸코

나는 배웠다.

다른 사람으로 하여금 나를 사랑하게 만들 수 없다는 것을

내가 할 수 있는 일은 사랑받을 만한 사람이 되는 것뿐임을

사랑은 사랑하는 사람의 선택에 달린 일임을

나는 배웠다.

내가 아무리 마음을 쏟아 다른 사람을 돌보아도

그들은 때로 보답도 반응도 하지 않는다는 것을

신뢰를 쌓는 데는 여러 해가 걸려도

무너지는 것은 한순간임을

삶은 무엇을 손에 쥐고 있는가가 아니라

누가 곁에 있는가에 달려 있음을 알았다.

우리의 매력이라는 것은 15분을 넘지 못하고

그다음은 서로 알아가는 것이 중요함을

다른 사람의 최대치에 나 자신을 비교하기보다는

내 자신의 최대치에 나를 비교해야 한다는 것을 나는 배웠다.

삶은 무슨 사건이 일어나는가에 달린 것이 아니라

일어난 사건에 어떻게 대처하는가에 달린 것임을


또 나는 배웠다.

무엇을 아무리 얇게 베어낸다 해도

거기에는 언제나 양면이 있다는 것을

그리고 내가 원하는 사람이 되는 데는

오랜 시간이 걸린다는 것을

사랑하는 사람에게는 언제나

사랑의 말을 남겨놓아야 함을 나는 배웠다.

어느 순간이 우리의 마지막 만남이 될지

아는 사람은 아무도 없으므로

두 사람이 서로 다툰다고 해서

서로 사랑하지 않는 것이 아님을 나는 배웠다.

그리고 두 사람이 서로 다투지 않는다고 해서

서로 사랑하는 것이 아니라는 것도

두 사람이 한 가지 사물을 바라보면서도

보는 것은 완전히 다를 수 있음을


나는 배웠다.

나에게도 분노할 권리는 있으나

타인에 대한 몰인정하고 잔인하게 대할 권리는 없다는 것을

내가 바라는 방식대로 나를 사랑해주지 않는다 해서

내 전부를 다해 사랑하지 않아도 좋다는 것이 아님을

그리고 나는 배웠다.

아무리 내 마음이 아프다고 하더라도 이 세상은

내 슬픔 때문에 운행을 중단하지 않는다는 것을 나는 배웠다.

타인의 마음에 상처를 주지 않는 것과

나의 믿는 것을 위해 내 입장을 분명히 하는 것

이 두 가지 일을 엄격하게 구분하는 것이 얼마나 어려운가를

나는 배웠다.

사랑하는 것과 사랑을 받는 것을


미국의 심리학자 매슬로(Abraham H. Maslow)는 인간의 욕구체계를 연구하다가 마지막 단계인 '초월의 욕구'를 인생 후반기에 발견해 발표했다. 자기를 표현하며 자아를 실현하고 싶은 욕구가 있듯이, 인생의 오랜 경험이 있는 사람들에게는 모든 것을 초월하고 싶은 욕구가 존재한다는 것이다.

그렇다. 우리에게도 중요하게 생각했던 것들, 집착과 몰입했던 것들, 갖고 싶고 소유하려고 몸부림쳤던 그런 것들을 다 놓아버리고, 한 단계 올라서서 다른 형태의 삶을 살고 싶을 때가 있다. 일상의 모든 것을 그대로 수용하며, 담담하게 묵인하고 또한 초월하고 싶을 때가 있음은 실로 신의 주신 축복이 아닐 수 없다.

미국 유명 소설가 헨리 밀러는 "나는 무엇이 훌륭한 치유인지를 안다. 그것은 우리의 작은 심장이 세상의 거대한 심장과 조화롭게 박동하

도록 하고, 포기하고, 버릴 건 버리고, 양보하는 것이다"라고 했다. '포기하고, 버릴 건 버리고 양보하는 것'도 놀라운 변화이며 성숙이고 치유이다. 우리는 때로 단순하고 순수하게 살기를 바라고, 주위 사람들을 이해하며 그들이 성장하도록 돕고, 자신의 삶을 통해서도 다른 의미의 것들을 경험하고 싶어 한다.

나딘 스테어의 시 〈내가 인생을 다시 산다면〉의 일부를 보자. 이 시의 저자는 미국 중동부 어느 시골 마을에 살던 할머니로, 85세에 이 시를 썼다고 알려져 있다.

보라, 나는 매 순간을,
매일을 좀 더 뜻깊고 사려 깊게 사는 사람이 되리라.
아, 나는 이미 많은 순간들을 마주했으나
인생을 다시 시작한다면 그런 순간들을 많이 가지리라.
그리고 순간을 살되
쓸데없이 시간을 보내지 않으리라.
먼 나날만 바라보는 대신
이 순간을 즐기며 살아가리라.

지금까지 난 체온계와 보온병, 비옷, 우산 없이는

어디도 못 가는 사람이었다.

이제 내가 인생을 다시 산다면

보다 간소한 차림으로 여행길을 나서리라.


내가 인생을 다시 시작한다면

이른 봄부터 늦가을까지

신발을 벗어 던지고 맨발로 지내리라.

춤도 자주 추리라.

회전목마도 다시 타리라.

데이지 꽃도 더 많이 보리라.


    때때로 '내가 인생을 다시 산다면' 하고 생각하는 순간이 있다. 수업에서 그러한 질문을 던지면 사람들은 갑자기 숙연해지면서 말없이 무언가를 적기도, 그리기도 한다. 시를 읽고 쓰는 과정에서 사람들은 처음에 자신이 현실을 받아들이고 시나 글로 쓸 수 있다는 사실에 감동하고 기뻐한다. 그리고 자꾸 쓰다 보면 그 이상의 것을 발견하게 된다. 시 〈내가 인생을 다시 산다면〉이 노래하듯 우리는 '뜻깊고' '사려 깊게' 살기 위해서 우리를 얽어매고 있는 무수한 짐들, 고통과 암울한 것들, 상처와 아픔들을 많이 비우며, 던져버려야 함을 깨닫는 것이다.

시 쓰기 치유반에서 어느 70대 여성이 쓴 작품을 소개한다.


초월

우정희


새벽이 온다.

불면의 밤 지나

눈을 뜨면

영겁의 침묵 속에

내가 있다.

이 고독에서 나가리라.


내 아들은

까맣게 탄 입술로

바람 부는 거리를 떠돌고

바라보는 늙은 어미는

가슴이 미어진다.


삼십 년을 한결같이

스무 시간 일하고

사시사철 같은 옷 입고

너를 키워

이 바람 부는 세상에

서게 했구나.


너 대신 그 고통을

안을 수가 없어

이제 이 목마름에서

헤어나리라.


깊은 슬픔과 고통

흘려보내고

아름답고 사랑스런

삼라만상에 휩싸여

그렇게 살리라.


이 시의 지은이는 젊은 나이에 남편을 사별한 뒤 너무나도 열심히, 다른 사람들보다 갑절의 열정으로 삶을 살아왔다. 혼신의 힘을 다해 자녀를 키우고, 사랑하고 헌신해온 지금 '아들의 고통을 안을 수가 없어' '깊은 슬픔과 고통 흘려보내고' 나에게 주어진 또 하나의 초월의 길을 가고 싶음을 고백하고 있다. '아름답고 사랑스런 삼라만상에 휩싸여 살고 싶다'고 표현했듯이.

다음의 이 시는 어떠한가? 시인인 친구가 보내준 시인데, 마음이 뭉클해지며 대견함과 초연함, 공감이 느껴진다. 시 속에 등장하는 '우리 아줌마'를 만나서 그 얼굴을 바라보며 대신 울어주며 위로해주고 싶은 마음이 크게 일어난다.

## 우리 아줌마

전정예

우리 집을

20년 넘게

드나들면서도

얼굴빛 한번

나쁘지 않는

우리 아줌마

몇 년 전

꽃 같은 딸을 중환자실에서

오래 지켜보다 잃었을 때에도……

얼마 전

하늘같은 남편을 잃었을 때도

그 남편,

중환자실로 가자는 의사 말에

화들짝 놀라

링거 줄 다 떼버리고

집으로 줄행랑 친

그날 밤

집에서 숨을 거뒀지.

우리 아줌마

그 남편 영정 앞에서

OO아빠, 고맙소. 나 고생 안 시키려고 이리도 쉽게 가버렸지요?

내 다 아요. 나 열심히 살다 꼭 그 옆으로 갈 테니,

먼저 간 우리 딸 꼭 찾아 그 옆에서 아무 걱정 말고

마음 편히 기다리쇼. 다 이것이 우리 팔자 아니겠소?

삼우제 마치고

우리 집에 들어선

우리 아줌마

그날도

얼굴빛이 좋았다.

전정예, 《여우랑 여우랑》, 책만드는집

어떤 성취를 위해서, 자신이 세운 목표를 향하여 열심히 달려온 의지의 사람들이 있다. 그들의 삶은 참으로 아름답다. 그러나 어렵고 고통스러운 현실과 상황을 의연하게 이기고 일상을 아름답게 살아온 사람들은 더욱 귀하고 우리의 귀감이 된다.

한편 미국의 사상가이자 시인인 랄프 왈도 에머슨은 좀 더 다른 삶, 존중과 인내, 절제와 사랑의 섬김을 통한 진정한 성공을 시로 그려냈다.

### 진정한 성공

랄프 왈도 에머슨

자주 그리고 많이 웃는 것.

지혜로운 사람들에게 존경받고

아이들로부터 사랑을 받는 것

정직한 비평가에게 찬사를 받고

거짓된 자들의 배신을 참아내는 것.

아름다움을 분별할 줄 알고

다른 사람의 좋은 점을 발견할 줄 아는 것.

아이를 건강하게 키우든

정원을 가꾸든

세상을 바꾸든

자기가 태어나기 전보다

세상을 조금이라도 좋은 곳으로

만들어놓고 떠나는 것,

당신이 한때 이곳에 존재했으므로 인해

단 한 사람의 인생이라도 행복해질 수 있다면

그것이 진정한 성공

나 또한 행복한 인생에 대한 생각을 시에 담은 적이 있다. 상담심리학 학위를 받던 졸업식 날이었다. 쉽지 않았지만 자기 탐색도 했고, 사명을 가지고 열심히 공부했다고 감사를 드렸던 때였다.

## 이제는

오경숙

말을 많이 하고

설득하여 동의를 구하고

나를 따르라고 강요하기보다는


많이 들어주고

고개를 끄덕여주며

외로운 손 잡아주고

내가 옆에 있음을 말해주자.


이제는

같이 웃어주고

눈물 훔치며

등을 쓰다듬는

참 이웃이 되어

듣기만 해도 감사하다고

눈으로 말해주자.

타인의 말을 잘 들어주고, 관심을 가져주고, 위로와 지지해주고, 참 아름다움을 분별할 줄 알고, 단 한 사람에게라도 행복을 줄 수 있는 인생이라면 살 만한 가치가 있고 행복한 인생이다. 모든 사람에게는 수많은 장점이 있는 것을 알고, 그 장점을 이끌어내고 믿어주고 배려해주는 일은 자신의 주위를 천국으로 바꾸는 의미 있는 작업이다.

또 하나, 새로운 삶을 그린 한 어머니의 시를 살펴보자. 자녀에게 헌신적이었던 그녀는 성인이 되어가는 아들과의 분리를 받아들이는 중이다.

### 때때로 밤에

엘렌 그레이스 오브라이언

때때로 밤에

여기, 내 가슴 한가운데

빛이 비치고

내가 너를 바라보면,

너의 얼굴은 순결하니

내가 행해왔던 모든 것을

사랑의 기슭에서

씻어내고

너는 바닷바람에 숨쉬며

엉킨 다시마 사이를 가로질러

또 다른 삶으로 들어가리라.


시 〈때때로 밤에〉는 자녀에 대한 헌신과 사랑이 담긴 작품이다. 또한 더 가치 있는 것—아들을 독립시키고 떠나보내는 일—을 구체화하며, 의미 있는 요소를 화자의 경험에서 의미 있었던 것에 초점을 맞추고 있다. 지은이는 자신의 작품에 대해 이렇게 밝혔다.


내가 이 시를 쓰고 있을 때 나는 십 대 아들을 생각하고 있었다. 나는 성인으로 성장해가는 아들의 고유한 방식과 나로부터의 독립을 인지했다. 그것은 어머니인 나로부터 아들을 완전히 떠나보내는 것이었다. 내 가슴 한 가운데 있는 빛은 아들에 대한 맹목적인 사랑, 본능적으로 알고 있었던 사랑을 포기하는 것과 관련이 있다. (중략)

시 쓰기는 내 경험과 이 세상에서 내가 존재한다는 흔적을 감지할 수 있도록 해준다. 시는 내 마음을 부드럽게 한다. 시는 나의 모든 인간관계를 담고 있는 신성한 기억이다. 이것은 내가 시를 쓰는 매우 중요한 이유다.

시는 하나의 그릇이다. "너는 바닷바람에 숨쉬며/ 엉킨 다시마 사이를 가로질러/ 또 다른 삶으로 들어가리라"라는 행은 내 아들의 순수함을 보는 것이고, 오래된 관계에서 분리되는 나의 경험을 보는 것이고, 가슴의 빛으로 새로운 관계를 열어가는 것이다.

## 실전 글쓰기

사랑했던 사람, 헌신했던 사람에게 시나 편지를 써보자. 누구보다도 사랑하지만 언젠가 떠나보내야 할 사람도 좋다. 내 마음으로 그 사람의 이미지를 가져오고, 그(녀)와 함께 나누었던 경험, 아름답거나 슬펐던 기억을 떠올리자.

---

우리가 현실을 이해하고, 수용과 절제, 인내, 초월하기 위해서는 내려놓음이 필요하다. 또한 동기를 부여하는 내적 대화, 곧 진실한 메시지가 필요하다. 그 메시지는 나를 지지하고 격려하는 내용을 담고, 내 가슴에 와닿을 때 효과가 있다.

## 14
## 시로 하는 용서는 아름답다

　**우리가 삶을 바꾸고 삶을 누리려면** 용서의 의미를 알아야 한다. 치유와 회복에서 가장 중요한 요소, 반드시 스스로 선택해야만 하는 것이 '용서'이다. 이때 자신에 대한 용서뿐 아니라, 타인 그리고 자신에게 주어졌던 환경에 대한 용서도 필요하다. 그리고 우리가 다른 사람으로부터 받아야 할 용서도 있다.

　세계적인 기독교 상담가요, 심리치료사인 데이비드 시맨즈(David A. Seamands) 목사도 12살에 자신을 미국에 두고 인도 선교사로 떠났던 부모를 어른이 된 후에야 용서했다. 그러고 나자 오랫동안 앓고 있었던 천식이 나았다고 저서에서 고백한 적이 있다.*

　**사람들은 용서하지 못하고 있을 때 가장 괴로운 이가 바로 자기 '자신'인데도** 용서를 어려워하고, 때로는 불가능하다고 느낀다. 그 이유 중

---

\* 데이비드 A. 시맨즈, 《상한 감정의 치유》, 두란노

하나는 다른 사람이 왜 의도적으로 상처를 주었는지를 이해할 수 없는 데 있다. 용서하지 못해 괴로워하는 이가 용서로 변화하는 모습을 실감 나게 묘사한 글을 소개한다.

나는 솔직히 그들을 용서하기 싫었다. 그들이 나에게 행한 일들을 두고두고 비난했다. 그들이 나에게 행한 일들을 두고두고 그들에게 핑계하였다. 하나님은 그런 나의 속마음을 다 알고 계셨다. 용서라는 명제에 직면하고 보니 용서라는 것은 단순하게 '미안해'라고 한마디 던지는 일이 아니었다. 용서란 나의 전 존재를 양보하는 괴로운 작업이었다. 대체 어떻게 용서해야 할지 나는 그 방법조차 모르고 있었다.
"……제가 ……용서할 수 있을까요?"
"용서가 과연 모든 것을 해결해줄까요?"
"두려워요."
"내가 그곳에 가줄게."
"용서하고, 그다음에는 어떻게 되나요?"
"경험해보렴."
하나님이 나를 용서하실 때, 그분은 어떤 기분이었을까? 그러나 나는 여전히 그들을 용서하기가 싫었다. 그들이 나에게 했던 것을 생각하면……. 하나님은 부드럽게 나에게 말씀하셨다.

"너는 내게 더 큰 용서를 받았잖니?"

그렇다. 하나님으로부터 용서받은 날 나를 묶고 있던 죽음의 결박이 풀렸고 자유를 얻었다. 그때 만끽한 자유의 맛은 아직도 생생하다. 그리고 보면 그들은 고작 내 발목만 결박하였을 뿐.

나는 다시 수면 아래를 보았다. 나의 발목을 옥죄고 있는 무수한 사람들이 보였다. 미운 사람들이었다. 가슴속이 부글거렸다. 또다시 망설였다. 하나님이 간절한 눈으로 나를 바라보셨다. 나는 감정이 아니라 의지로 순종했다. 여전히 나를 보지 않을 어머니, 용기가 나지 않았다. 하나님이 그곳에 같이하셨다. 간신히 입을 떼어 어머니를 용서한다고 말했다.

"말은 내가 그렇게 했지만, 너를 진심으로 사랑했단다."

어머니의 손이 떠나갔다. 눈물이 마구 쏟아졌다. 돌아가신 아버지께 말했다.

"아버지, 용서합니다."

하나님이 거기 계셨다.

"본심이 아니었다. 넌 나에게 소중한 딸이었다."

아버지의 손이 떠나갔다. 울음이 터져 나왔다. 치유가 시작되었다.

김수경, 《참으로 소중한 나》, 규장

용서는 치유의 가장 아름다운 꽃이며, 결정적인 주제이다. 그리고 확실하게 넘어야 할 높고 험난한 산봉우리이다. 그런 만큼 산봉우리를 정복한 대가는 크고 아름답다. 용서하지 못하는 사람들에게 남는 것은 결국 '결박'이고 '자유 없음'이다.

　용서하지 못한 미운 사람을 품고 살아야 하기에, 용서는 나 자신을 위해서라도 '의지'를 발동하여 순종해야 한다. 인간은 아무도 완벽하지 않음을 받아들이며 어느 정도 내 부족함도 있었다는 것을 깨닫게 되면, 용서는 더욱 쉽다. 비록 나는 용서할 수 없지만, 미워하는 권한을 내려놓는 것이 용서의 시작이리라.

　조금만 마음에 여유를 가지면 다른 사람의 입장과 생각을 이해하게 되고, 그렇게 되면 용서를 선택하기가 어렵지 않다. 시 〈용서의 계절〉에서처럼 나를 알고 타인을 이해하며 또한 우리의 환경을 바로 볼 수 있다면 말이다.

### 용서의 계절

이해인

새롭게 주어지는 시간 시간을 알뜰하고
성실하게 사용하지 못하고
우왕좌왕하여 쓸데없이 허비한

당신을 용서해드립니다.

나도 그렇게 했으니까요.

함께 사는 이들에게 바쁜 것을 핑계 삼아

따뜻한 눈길 한번 주지 못하고

듣는 일에 소홀하며 건성으로 지나친

당신을 용서해드립니다.

나도 그렇게 했으니까요.

남에게 줄곧 사랑을 외치면서도

이기적으로 행동하고

상대방의 배려보다는 자신의 유익을 먼저 챙긴

당신을 용서해드립니다.

나도 그렇게 했으니까요.

감사보다는 불평을 더 많이 하고

나의 탓을 남의 탓으로 돌리는 말을

교묘하게 되풀이한

당신을 용서해드립니다.

나도 그렇게 했으니까요.

사소한 일로 한숨 쉬며 실망하며

밝은 웃음보다는 우울을 전염시킨

당신을 용서해드립니다.

나도 그렇게 했으니까요.

이해인, 《풀꽃 단상》, 분도출판사

 

시 〈용서의 계절〉처럼 나의 허물과 과실에도 늘 품어주시고 인도하시는 그분의 사랑을 받아들인다면 '자신의 유익을 먼저 취하고' '나의 탓을 남의 탓으로 여기며' '우울을 전염시킨' 나와 너를 용서하는 일은 더욱 의미 있다.

미국 플로리다병원의 딕 티비츠 박사는 분노와 용서가 건강에 미치는 영향을 연구해왔다. 그는 저서에서 심리학적으로 입증된 용서의 방법을 다양하게 제시했다.

용서는 당신이 삶의 주도권을 되찾는 방법이다. 일단 용서의 관점을 취하면 당신의 억울한 사연은 당신을 괴롭힐 힘을 잃어버릴 것이다. 그러면 당신은 그다음에 따라오는 삶의 새로운 방식들을 반갑게 맞이할 수 있다. 다음에 제시하는 진실을 받아들이면 당신은 더 행복하고 건강한 삶을 살 수 있다.

· 분노에 매달리면 당신만 상처받는다.

· 당신이 용서하면 감옥에 갇힌 한 사람을 풀어주게 된다. 그 사람은 바로 당신이다.

· 상황을 더 낫게 만들기 위해 당신이 변하면 당신 주변 사람들도 더 쉽게 변할 수 있다.

딕 티비츠 지음, 한미영 옮김, 《용서가 있는 삶》, 알마, p.136

과거를 치유하고 현재의 우리를 자유롭게 해주는 것이 용서이다. 용서하기 위해서는 우리가 받은 크고 깊은 상처들이 인정되고 확인되어야 한다. 그런 의미에서 용서는 여행과 같다. 상처가 깊을수록 오래 걸리지만 용서라는 여행을 거치면 보상이 따라온다.

다음의 말은 용서를 망설이는 사람들에게 실로 도움이 된다.

내가 나의 과거를 비신화화하고 모든 인간 행동의 모순성과 비극성을 인정하게 되자, 이전에 나에게 일어난 일들의 의미를 바꿀 수 있는 새로운 자유를 발견하게 되었다. 용서만이 나에게 과거를 받아들이고 과거의 손상된 상처들로부터 자유로워질 수 있도록 해준다. '분별력과 용서, 그리고 감사'는 마치 연금술과도 같다. 과거를 운명에서 행운으로 전환시켜주며, 또한 나 자신을 통제할 수 없는 원인들의 희생자의 자리에서 과거를 재구성하는 참여자가 되도록 변화시켜주었다.

존 브래드쇼, 《상처받은 내면아이 치유》, 학지사

용서는 우리의 분노를 치유할 뿐 아니라 상처를 준 사람으로부터 떠나 성숙을 도모하게 한다. 억울함, 분노, 고통은 내 안에 있을지라도 이미 흘러간 그 이야기가 현실에 영향을 미치지 못하도록 놓아버리는 것이다. 그러면 대신 더 정확하고 신뢰할 수 있는 좋은 이야기들이 들어온다. 또한 이제 나를 괴롭혔던 그 이야기는 자신에 삶에 맞지도 않고 쓸모도 없다는 것을 알게 된다. 그래서 용서는 과거를 치유할 뿐만 아니라 새로운 현실, 자유와 평화가 있는 곳으로 우리를 인도해준다. 다음 두 편의 시는 용서 후의 모습을 구체적으로 그리고 있다.

## 용서하고 잊도록 하십시오

M. 메리 마고

만약 당신이

잊는 것을 선택할 줄 아는 사람이라면

훨씬 더 행복한 기억을 갖게 될 것입니다.

용서하고 잊는 것을 배우십시오.

그것으로 충분합니다.

일생 동안 그것을 거듭 상기할 필요는 없습니다.

누군가가 당신을 해쳤으면

그 사람과 만나 해결을 하십시오.

그것은 힘든 일이겠지만

계속 노력해보십시오.

어떠한 일이 일어나든

당신이 할 수 있는 일이 하나 있습니다.

당신은 용서할 수 있습니다.

당신은 마음의 평화를 되찾을 수 있습니다.

당신은 용서함으로써

마음의 평화를 되찾을 수 있습니다.

## 일상 속의 기도

어느 인디언


바위 틈새 풀 한 포기

처마 끝 제비, 조각구름

생명 있는 모든 것, 무생물까지도

사랑하게 해주세요.


앞마당에 놀러온 까치 소리에

길을 나설 수 있고

차 한 잔에도

감사하게 해주세요.


망막의 작은 떨림

심박동의 갑작스러움에도

안절부절 조마조마하지 않게

평안하게 해주세요.


한때 내가 멀리했던 이웃들

무던히 비굴했던 나 자신을 용서하게 해주시고

알게 모르게 저지른 거짓 행동까지

용서해주세요.


슬픔은 엷은 미소로 가지치기를

어둠은 한줄기 빛으로 물을 뿌려

무관심은 사랑으로 잔디를 깎고 양분을 주어

내 삶의 정원을 잘 가꾸게 해주세요.


시 〈용서하고 잊도록 하십시오〉와 〈일상 속의 기도〉는 용서를 주고받으며 평화를 얻는 것에 대해 순전하게 쓰고 있다. 혹자는 용서와 희망이 서로 연결되어 있다고 말한다. 용서가 바람직하지 않은 과거의 사슬에서 벗어나 바람직한 미래를 향해 나가는 것이 더 좋다는 것을 알려주기 때문이리라.

마지막으로 대학생이었던 '김'이라는 내담자가 증오의 대상이었던 아버지를 용서한 뒤에 쓴 글을 소개한다. 부모에 대한 용서는, 특히 부모를 진정으로 상처받은 한 인간으로서 보게 될 때 '참용서'가 훨씬 더 쉬워지며 과거를 재구성할 수 있다.

아버지, 당신을 증오했던 내가 미워져서

당신에게 보이지 않는 칼을 수없이 던져왔던

내가 싫어서, 당신을 용서했습니다.

아버지를 다 이해할 수는 없지만

그래도 미운 마음을 버리고 나니

등에 있는 짐이 벗어져 놀랐습니다.

당신 이후, 그다음부터 진정 용서해야 할 사람은

나 자신임을 깨닫게 되었습니다. 아버지 대신

나를 증오하고 비난, 경멸하는 것을 알게 되었습니다.

그래서 이제 나를 사랑하는 것이 기도 제목이 되었습니다.

## 실전 글쓰기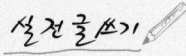

1. 용서해야 할 사람들을 목록으로 만들어보자. 사람들의 이름 옆에 그들이 내게 주었던 상처를 구체적으로 적자.

 

2. 내게 상처를 주었던 사람에게 편지나 시를 써보자. 내가 무엇 때문에 화가 나고 그토록 괴로웠는지 정직하게 적자.

    용서하고 싶은 _____에게

3. 용서를 구하고 싶은 사람이 있다면 진실한 마음으로 그 내용을 써서 용서를 구하고 소리 내어 읽어보자.

용서를 구하고 싶은 _____에게

# 15
## 감사하고
## 또 감사하라

**기탄잘리1**

라빈드라나트 타고르

그대가 나를 무한하게 하였으니

이는 당신의 기쁨입니다.

그대는 이 연약한 그릇을 비우고 또 비우며

끝없이 새로운 생명으로 그릇을 채웁니다.

그대는 가냘픈 갈대 피리를 불며

언덕과 골짜기에 새로운 노래를 불러줍니다.

그대의 다정하고 끝없는 손길에

내 작은 가슴은 한없는 기쁨에 넘쳐

형언할 수 없는 소리를 외칩니다.

그대의 무궁한 선물은

이처럼 내 작은 손을 타고 옵니다.

세월은 흐르고

그대는 여전히 채우시고

여전히 채울 자리는 남아있습니다.

언제 읽어도 가슴이 흠뻑 젖어오는 타고르의 시이다. 새로운 노래를 불러주시는 것, 무궁한 선물로 늘 채우시는 것 덕분에 내 작은 가슴이 한없는 기쁨에 넘쳐나는 데 대한 감사가 가득하다. 감사가 얼마나 아름다운지를 잘 보여주는 작품이다.

감사는 현실에서 큰 효과를 발휘하기도 한다. 데보라 노빌(Deborah Norville)이 쓴 책 《감사의 힘》에는 데비드라는 낙심에 빠진 남자의 이야기가 있다. 데비드는 높은 수입과 좋은 집에서 사는 꿈을 갖고 맨해튼으로 왔지만, 현실은 너무도 달랐다. 박봉을 받으며 친구 집에 얹혀사는 신세가 되었다.

　어느 토요일 아침, 일을 하던 그는 자신이 행복할 수 있는 이유를 세어보기로 했다. 먼저, 아기를 안고 걸어가는 한 엄마를 보며 미소를 지었다. 그 뒤에서 하늘을 가로지르는 제트기를 보며 행복감을 느꼈다. 이번에는 지나치는 음식점마다 풍겨오는 냄새에 마음이 푸근해졌고, 가게 창문을 통해 보이는 형형색색의 진열품에 기분이 가벼워졌다. 어느새 데비드는 행복한 사람이 되었다. 생각해 보니 맨해튼으로 무사히 이사를 온 것도 감사했다.

　20여 년이 흐른 뒤 그는 성공한 사업가가 되었는데, 인생의 전환점이 된 그날을 단 한 번도 잊은 적이 없었다고 한다.[*]

　감사가 이끄는 우리 내면의 변화는 대단하다. 다음의 시는 그 변화를 잘 포착했다.

### 감사로 채워라

멜로디 비티

감사는 풍성한 생명을 여는 열쇠이다.

감사는 현재 가지고 있는 것을 충분히

---

[*] 데보라 노빌, 《감사의 힘》, 위즈덤하우스

아니 더 많이 느끼게 한다.

부정을 수용으로 바꾸고

혼돈을 질서로

혼란을 명쾌함으로 돌려세운다.

한 끼 식사를 풍족한 잔치로

평범한 가정을 오순도순 정이 흐르는 가정으로

나그네를 친구로 바꾼다.

깊은 우울감이나 만성적 불안으로 고통을 받아온 사람들에게 가장 필요한 단어가 있다면 그것은 '감사'이다. 감사가 우리 마음에 들어오기 시작하면, 벌써 우울감이나 열등감, 분노는 사라지기 시작한다.

문제는 어떻게 감사를 하며 느낄 수 있는가 하는 것이다. 감사도 때로는 의지의 선택이며 훈련이 필요한 것이 틀림없다. 살면서 작은 것을 감사하지 않고, 하찮게 생각하는 것은 진정한 행복이나 만족도 느낄 수 없음을 알아야 한다. 작고, 하찮은 것들을 기뻐하며 쌓아가는 과정을 잘 수행할 때 그것은 더 큰 감사나 행복으로 이어진다.

그리고 자기가 가진 소중한 것을 남에게 주며, 누군가를 사랑으로 섬기면서 얻는 감사는 우리들의 삶에 안목과 의미를 바꾸어놓는다. 작자 미상의 다음 시도 우리가 흔히 생각하는 다른 의미의 감사를 말하고 있다. 비록 어려운 현실이지만 눈을 더 넓게 떠서 차원이 다른 감사를 하고 있다. 이런 감사를 쓸 수 있는 사람은 삶의 의미와 깊은 영역까지 감사의 의미를 확대해가며, 더 깊고 소중한 것들을 노래할 줄 안다.

### 어느 병실에 걸린 시

작자 미상

주님! 때때로
병들게 하심을 감사합니다.
인간의 약함을
깨닫게 해주시기 때문입니다.

가끔 고독과 수렁에
내던져주심도 감사합니다.
그것은 주님과

가까워지는 기회입니다.

일이 계획대로 안 되게

들어주심도 감사합니다.

그래서 나의 교만을

반성할 수 있습니다.

아들, 딸이

걱정거리가 되게 하시고

부모와 동기가

짐으로 느껴질 때도

있게 하심을 감사합니다.

그래서 인간 된 보람을

깨닫기 때문입니다.

먹고사는 데

힘겹게 하심을 감사합니다.

눈물로써 빵을 먹는 심정을

이해할 수 있기 때문입니다.

불의와 허위가

득세하는 시대에

태어난 것도 감사합니다.

하나님의 의가

분명히 드러나기 때문입니다.


땀과 고생의 잔을

맛보게 하심을 감사합니다.

그래서

주님의 사랑을 깨닫기 때문입니다.


주님!

감사할 수 있는

마음을 주심을 감사합니다.


시 〈어느 병실에 걸린 시〉의 지은이가 그랬듯이, 어렵고 괴로운 현실이지만 그 안에서 발견할 수 있는 감사는 더욱 소중하다. 또한 성숙한 사람만이 가질 수 있는 축복이다.

다음의 글은 내담자 '제이'의 글이다. 고등학교 2학년이었던 아들이 사고로 죽고 난 후, 그는 오랜 시간 우울증을 앓았다가 회복 중에 있었다. 10회 이상의 쓰기를 통해 아픔을 드러내며 치유되면서 자신이 경험한 것을 이렇게 적었다.

깊은 우울이나 원망, 슬픔에 빠져있는 사람은 결코 감사나 기쁨을 누릴 수가 없습니다. 모든 현실이 깜깜했고, 날마다 찾아오는 무기력과 공허감은 나를 꼼짝 못하도록 짓눌렀습니다. 가장 무서운 것은 내가 나를 학대하며 괴롭히는 일이었습니다. (중략)

그러나 나는 글쓰기를 하면서 내가 감사나 기뻐할 수 있는 능력이 내 환경에 달려있지 않다는 것을 알게 되었습니다. 안락한 생활, 감정, 지식, 부유함, 건강에도 달려있지 않고, 내가 그리스도 안에 있다는 사실만으로, 곧 나는 그분의 자녀이며 상속자임을 확신하면서 감사에 눈을 돌리게 된 것입니다.

이는 고통과 아픔을 거부하겠다는 의미도 아니고 허공에 뜬 것처럼 근거 없는 감사를 의미하는 것도 아니었습니다. 나는 말할 수 없는 큰 고통과 절망 중에 있었지만, 여전히 나는 그분의 자녀였고 귀한 존재임을 알게 되었습니다. 그리고 말씀을 통해서 주시는 위로를 듣고 쓰면서 내 마음에서 일어나는 변화를 알게 되었습니다. 10회 이상 아들에게 보내는 글, 그리고 답글, 주님께 보내는 편지와 답장을 쓰면서 나는 다시 회복되었고 '감사'라는 가슴의 말을 찾게 되었습니다.

또한 제이는 심경을 담아 이 같은 시도 썼다.

감사해요. 깨닫지 못했었는데
내가 얼마나 소중한 존재라는 걸
태초부터 지금까지 하나님의 사랑은
항상 날 향하고 있었다는 걸.

고마워요. 그 사랑을 가르쳐준 당신께
주께서 허락하신 당신께
그리스도의 사랑으로 더욱 섬기며
나도 더욱 세상에 전하리라.

당신은 사랑받기 위해

그리고 그 사랑 전하기 위해

주께서 택하시고 이 땅에 심으셨네.

또 하나의 열매를 바라시며

또 하나의 열매를 바라시며.

제이의 예처럼 스스로 자신을 감사하게 여기는 것은, 치유와 회복에서 정말로 중요하다. 나에게 주어진 작은 것, 평범한 것에 감사하자. 더 나아가 자신을 있는 그대로를 좋아하며, 감사하고, 기뻐하자.

여기서 말하는 '자기에 대한 감사'는 자기도취나 자랑을 말하는 것이 아니다. 나를 만드신 하나님이 나를 귀하게 보시듯 나도 나를 귀하게 여기고 사랑하며 감사하는 것, 곧 정체성에 관한 것이다. 곧 나의 관점이나 시야를 바꿔 나의 본모습을 찾는 것이다. 나에 대한 감사가 일단 시작되면 내 안의 생각이나 감정도 안정이 되고, 생체 리듬까지도 활기가 있고 달라진다.

마지막으로 감사에 대한 작자 미상의 시를 한 편 더 소개한다.

## 내 마음의 기도

작자 미상

아침에 눈을 뜨면

무릎을 꿇고

감사의 기도를 드립니다.

내 앞에 놓인 새로운 하루가

너무 고맙다고 말입니다.

힘들고 어려웠던 어제는 말끔히 잊어버리고

새로운 출발선에 서있는 것만으로도

행복을 느낍니다.

비록 내가 힘들더라도

지치고 병든 사람이

편안하게 기댈 수 있도록

미소를 잃지 않게 하시고

세상이 비록 험하고

온갖 악으로 가득 차 있더라도

언제나 아름다운 맑은 눈으로

바라보게 하시고

나의 허물과 오만으로

다른 이에게 상처주지 않게 하시고

항상 기뻐하고 감사하는 마음으로

기도할 수 있게 하소서.

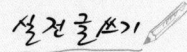

감사의 글을 써보자. 사소한 일부터 특별한 일까지, 나에 대한 감사의 글을 쓰자. 그동안 감사의 마음을 꼭 전하고 싶었던 대상에게도 구체적으로 글을 써보자.

- 나에 대한 감사

- 타인에 대한 감사

# 에필로그

　**내가 상담을 통해 만난** 내담자들과 '시와 글쓰기 치유반'에 참여한 교우들은 공통적으로 우울, 분노, 불안, 슬픔과 굶주림 등의 정서적 어려움을 겪고 있었다. 자신의 소중함과 가치를 모른 채 방황하고 있는 그들에게 글쓰기는 놀라운 치료 효과를 발휘했다. 특히 배우자나 자녀를 잃고 의사소통 능력이 멈춰버린 사람들에게 언어와 생각, 감정을 열어주는 소중한 창구가 되었다.

　치료를 위한 시나 글을 쓰는 것은 그 시작부터 쓰기, 이후의 나눔 과정까지, 대부분이 인간, 삶, 관계 중심적이다. 여기에 문학적 표현요소가 더해지므로 쓰고 읽는 과정에서 많은 것을 경험할 수 있다. 그래서 이 책에서는 보다 더 많은 심리치료를 시와 글에 연결시키려고 노력했다.

　채우지 못했던 애착관계에서 오는 아픔과 상실, 깊은 외로움을 글로 표현하는 것은 어렵지만, 조금씩 인도받고 주위 사람들의 진솔한 위로와 지지 속에서 글로 표현하며 변화하고 성숙해지는 이들을 지켜보는 일은 크게 감사한 작업이었다. 극심한 상처와 트라우마에 빠져있던 사람들이 회복하고 다시 일상적인 삶으로 돌아간 이야기들을 나눌 수 있는 기회가 또다시 주어지기를 소망한다.

책에 수록된 시들이 이 책은 물론, 많은 집단치료에서 교재로, 도구로 사용되기를 기원한다. 먼저 시를 쓴 다음에 서로 반영해주고, 인정과 지지, 공감해줄 수 있는 집단이면 더욱 좋겠다. 특히 깊은 병을 앓고 있는 분들과 외상으로 고통을 당한 분들, 우울증과 깊은 불안에 시달리는 분들이 이 책을 끝까지 읽어줄 것을 바란다.

하나님께서는 우리에게 외롭게 혼자서 살라고 하지 않으셨고, 짐을 같이 져주며, 그 무거운 짐을 서로 나눌 것을 말씀하셨다. 서로에게 깊은 관심을 갖고 이해와 수용하는 일은 어느 곳에서든 중요하다. 시와 글쓰기로 많은 분들이 소통의 출구를 찾아 건강하고 아름다운 삶을 영위할 수 있기를 기원한다.

# 쓰기 치유
쓰라! 상처는 반드시 치유될 수 있다

초판 1쇄   2016년 6월 8일
초판 3쇄   2018년 10월 22일

**지 은 이** _ 오경숙
**펴 낸 이** _ 이태형
**책임편집** _ 이지혜
**마 케 팅** _ 김태현
**디 자 인** _ 참디자인

**펴 낸 곳** _ 국민북스
**주    소** _ 경기도 파주시 와석순환로 307, 1106-601 우편번호 10892
**전    화** _ 031-943-0701
**이 메 일** _ kirok21@naver.com

**등록번호** _ 제406-2015-000064호
**등록일자** _ 2015년 4월 30일

ISBN 979-11-957410-1-4 03230